# Et si le Tiers Monde s'autofinançait

*Le virage à droite des élites politiques québécoises.
Du libre-échange au néolibéralisme*
2003

*La globalisation du monde. Laisser faire ou faire?*
2000

JACQUES B. GÉLINAS

# Et si le Tiers Monde s'autofinançait

## De l'endettement à l'épargne

LES ÉDITIONS *écosociété*
MONTRÉAL

Révision : Véronique Fortin

Typographie : Nicolas Calvé

Illustration de la couverture : Francine Saint-Aubin

Conception de la couverture : Julie Mongeau

Réalisation graphique (couverture) : Alain Fugère

© Les Éditions Écosociété, 1994

C.P. 32 052, comptoir Saint-André

Montréal (Québec) H2L 4Y5

Dépôt légal : 4e trimestre 1994

ISBN 2-921561-16-6


**Données de catalogage avant publication (Canada)**

Gélinas, Jacques B., 1930-

Et si le Tiers Monde s'autofinançait: De l'endettement à

l'épargne

Comprend des réf. bibliogr.

ISBN 2-921561-16-6

1. Développement économique. 2. Pays en voie de développement.
3. Autosuffisance – Pays en voie de développement 4. Aide
économique – Pays en voie de développement. 5. Dettes extérieures
– Pays en voie de développement. 6. Épargne– Pays en voie de
développement. I. titre.

HC59.7.G44 1994      338.9'009172'4      C94-941497-2

Nous remercions le Conseil des Arts du Canada de l'aide accordée
à notre programme de publication. Nous reconnaissons l'aide
financière du gouvernement du Canada par l'entremise du
Programme d'aide au développement de l'industrie de l'édition
(PADIE) pour nos activités d'édition.

Nous remercions le gouvernement du Québec de son soutien par
l'entremise du Programme de crédits d'impôt pour l'édition de
livres (gestion SODEC), et la SODEC pour son soutien financier.

# REMERCIEMENTS

*Marjolaine Gaudreau m'a accompagné tout au long de cette réflexion. Je la remercie affectueusement pour son soutien indéfectible et sa précieuse collaboration à l'étape de la révision des textes.*

*Colette Beauchamp, Michel Chaloult, Nicole Daignault, Suzanne Gervais, Ancilla Karakura, Paul-Émile Laberge, Pierre Lemieux, Serge Mongeau ont lu mon manuscrit et m'ont fait des commentaires très judicieux. André Serra a de plus contribué étroitement à ma recherche, notamment sur le plan de l'analyse économique. À ces vraies amies, à ces fidèles compagnons, je dois une fière chandelle.*

*Constance Bergeron et Pierre-Paul Therrien ont gracieusement collaboré à la saisie initiale des données. Je leur en sais gré.*

# TABLE DES MATIÈRES

# GLOSSAIRE DES SIGLES

ACDI      Agence canadienne de développement international

AID      Association internationale pour le développement (filiale de la Banque mondiale)

APD      Aide publique au développement

BIRD      Banque internationale pour la reconstruction et le développement (Banque mondiale)

CAO      Comité d'aide au développement de l'OCDE

CÉPAL      Commission économique pour l'Amérique latine (organe de l'ONU)

CIA      *Central Intelligence Agency* (service de renseignements des États-Unis)

CNUCED      Conférence des Nations Unies pour le commerce et le développement

| F CFA | Franc de la Communauté financière africaine |
| FAO | Food and Agriculture Organization (Organisation des Nations Unies pour l'alimentation et l'agriculture) |
| FMI | Fonds monétaire international |
| G 7 | Le groupe des sept pays les plus industrialisés Allemagne, Canada, États-Unis, France, Grande- Bretagne, Italie et Japon |
| GATT | *General Agreement on Tariffs and Trade* Accord général sur les tarifs douaniers et le commerce |
| IFI | Institution financière internationale |
| NOEI | Nouvel Ordre économique international |
| NPI | Nouveau pays industriel |
| OCDE | Organisation de coopération et de développement économiques |
| OCI | Organisation du commerce international (convention mort-née de La Havane, 1946) |
| OECE | Organisation européenne de coopération économique |
| OMC | Organisation mondiale du commerce |
| ONG | Organisation non gouvernementale |
| ONU | Organisation des Nations Unies |
| ONUDI | Organisation des Nations Unies pour le développement international |

| | |
|---|---|
| OPEP | Organisation des pays exportateurs de pétrole |
| PAS | Programme d'ajustement structurel du FMI |
| PIB | Produit intérieur brut |
| PMA | Pays moins avancé |
| PNB | Produit national brut |
| PNUD | Programme des Nations Unies pour le développement |
| PVD | Pays en voie de développement |
| SDID | Société de développement international Desjardins |
| SFI | Société financière internationale (filiale de la Banque mondiale) |
| USAID | *United States Agency for International Development* (agence américaine de développement international) |

# INTRODUCTION

DEPUIS la crise de la dette en 1982, le financement du développement est devenu l'un des problèmes les plus lancinants de l'économie mondiale. Dans l'espoir de se développer, les dirigeants du Tiers Monde ont eu recours à l'aide extérieure. Ce système les a conduits à la dépendance et à l'endettement dans lesquels ils ne cessent de s'enfoncer, sans pour autant sortir des ornières du sous-développement. Il ne peut y avoir de développement sans financement, tout le monde en convient. Mais quel financement? Pour quel développement? L'objet de cet ouvrage est précisément d'explorer d'autres avenues.

La première partie dresse le bilan du modèle de développement fondé sur l'endettement et l'« aide extérieure ». L'industrie de l'aide au développement, en vigueur depuis un demi-siècle, a pris une telle ampleur qu'il s'avère nécessaire d'en retracer l'origine, l'évolution et les fondements pour comprendre la situation actuelle des pays sous-développés.

La deuxième partie prend le contre-pied de ce modèle extraverti, axé sur les flux de capitaux étrangers. Elle remonte la filière du développement autonome fondé sur l'accumulation interne du capital pour aboutir à une ressource sous-estimée et négligée : l'épargne.

Les thèmes abordés dans cet essai sont pour ainsi dire inépuisables. Or les Éditions Écosociété, qui en assurent la publication, souhaitaient un état concis de la question qui servirait à lancer le débat. Je le présente comme tel. Il s'adresse à des lectrices et des lecteurs avisés, mais pas forcément spécialisés.

J'aime à croire que d'autres, surtout dans le Tiers Monde, reprendront cette réflexion et la pousseront un peu plus loin. Et surtout, qu'ils la mettront à l'épreuve.

# PREMIÈRE PARTIE

# Le développement par l'endettement extérieur

Si tu veux qu'ils se haïssent, jette-leur du grain.

**Antoine de Saint-Exupéry**
*Citadelle.*

L'aide étrangère est une méthode par laquelle les États-Unis maintiennent une position d'influence et de contrôle sur le monde entier.

**John F. Kennedy**
*Allocution devant*
*l'Economic Club de New York,* 1961

# CHAPITRE PREMIER

# Cinquante ans d'aide au développement et de sous-développement

LE SOUS-DÉVELOPPEMENT n'a pas toujours existé. C'est une création de notre époque. Il est né — et le nom et la chose — de la Seconde Guerre mondiale et des bouleversements sans précédents qu'elle a entraînés à l'échelle de la planète. Alors que se prolonge cette conflagration fratricide, il devient évident que les pays européens, affaiblis et déstabilisés, ne sauront maintenir longtemps encore leur emprise sur leurs colonies d'outre-mer. Il n'auront d'autre choix que de les laisser partir l'une après l'autre ; ce sera la fin des empires coloniaux traditionnels. La conjoncture est donc mûre pour l'avènement d'un nouvel ordre économique et géopolitique mondial, conçu et mis en œuvre sous l'égide de la seule nation capable d'en assumer le leadership : les États-Unis d'Amérique.

L'administration américaine s'y prépare d'ailleurs activement depuis 1941, sous la conduite notamment de

---

1. Voir Michel Gurfinkiel, « Notre monde est né en juin 1944 », *in Valeurs actuelles,* Paris, 4 juin 1994.

l'*Office of Strategic Services*, la future CIA [1]. Trois urgences sont portées à l'ordre du jour : reconstruire l'Europe, contenir l'avancée communiste et cueillir les dépouilles des empires coloniaux européens en déconfiture. Ce dernier point s'avère crucial pour l'expansion des marchés américains. Il s'agit de proposer à ces jeunes pays en quête de libération politique et économique une relation avant tout commerciale, renforcée par les liens d'une assistance technologique et financière. Pour remplacer le terme désormais périmé de « colonies », des technocrates avancent la notion de « régions sous-développées » : *underdeveloped areas*. Le mot *sous-développement*, remarque le géographe Yves Lacoste, n'est pas sorti des universités, où naissent la plupart des concepts économiques, pour être ensuite repris par la presse. L'inverse s'est produit. Il a été forgé par des politiciens et des bureaucrates et il s'imposera peu à peu aux médias et aux économistes [2].

Les intérêts économiques qui inspirent cette géopolitique sauront se draper d'un discours idéaliste voisin de l'esprit missionnaire. Les dirigeants américains en appelleront à la compassion envers les *pays sous-développés* — colonies et ex-colonies, y compris l'Amérique latine et les Antilles — qu'il faut aider à progresser, plutôt que de les dominer et de les exploiter à la manière des colonialistes. Ainsi naîtra l'idée de l'*aide au développement*, sans que les populations intéressées aient été consultées ou aient sollicité une quelconque forme d'assistance. Une idée qui, en raison de ses postulats, conduira infailliblement à l'endettement et au surendettement.

Comme toutes les grandes crises qui secouent l'ensemble de l'humanité, l'imbroglio actuel du financement du développement, noué par le problème de la dette, ne

2. Voir Yves Lacoste, *Les pays sous-développés,* Paris, PUF, 1984.

peut être compris que dans sa génèse et son évolution historique. C'est pourquoi il importe, au début de cet essai, de retracer les principaux jalons de l'aide au développement et du sous-développement qui s'ensuit, depuis la création de la Banque internationale pour la reconstruction et le développement (BIRD) en 1944, jusqu'à l'intégration indiscriminée du Tiers Monde dans le commerce mondial par les accords du GATT, en 1994. Pour compléter cette brève chronique qui dessine la logique d'une époque, celle du sous-développement, on trouvera en annexe une chronologie qui fixe avec précision les événements dans le temps et dans l'espace.

## Les origines de l'aide au développement

Avant la fin de la Seconde Guerre mondiale, à l'été 1944, le président Roosevelt convoque à Bretton Woods une Conférence monétaire et financière, sous le patronage des Nations Unies... qui n'existaient pas encore officiellement. Comme le signale celui qui deviendra le théoricien attitré du sous-développement et de l'aide au développement, Whitman Rostow, « le tout début de l'*aide au développement*, dans sa formule moderne, se trouve dans les Accords de Bretton Woods qui créèrent, en juillet 1944, la Banque internationale pour la reconstruction et le développement [3] ».

L'ajout du mot *développement* dans l'appellation de la BIRD — généralement connue aujourd'hui sous le nom de Banque mondiale — fit alors l'objet d'un long débat entre les quelques pays latino-américains participants (Brésil, Chili, Cuba, Mexique) et les autres membres de la

---

3. Walt Whitman Rostow, *Eisenhower, Kennedy and Foreign Aid,* Austin, University of Texas Press, 1985, p. 77.

Conférence [4]. Il s'agissait d'établir les paramètres de cette nouvelle notion de soutien aux pays économiquement faibles aux prises avec les relents d'une histoire coloniale.

Quelques mois avant la rencontre de Bretton Woods, les dirigeants des pays vainqueurs, Roosevelt, Churchill et Staline, s'étaient réunis à Yalta, en Crimée, pour établir leurs positions respectives. Le monde se trouva dès lors partagé en deux camps, deux idéologies, deux systèmes politico-économiques : le bloc capitaliste sous l'hégémonie américaine et le bloc socialiste dominé par l'URSS. Quant au monde mouvant des colonies et ex-colonies, il demeurera l'objet de toutes les convoitises, chacun des deux camps cherchant à s'en attacher la plus large part à grand renfort de programmes d'aide au développement et de coopération militaire.

Les États-Unis se portent d'abord au secours de l'Europe. Le 2 avril 1948, le président Harry Truman signe la loi créant l'*European Recovery Program*, ou plan Marshall, et l'*Agence de coopération économique*. Cette loi-cadre revêt un caractère historique, car elle institutionnalise un nouveau concept d'*aide*, qui comporte une sorte de crédit préférentiel où l'*aidant* trouve généralement plus de profit que l'*aidé* lui-même.

Par ce programme, le gouvernement américain met 17 milliards de dollars, sur cinq ans, à la disposition des pays européens [5]. L'offre est assortie d'une condition extra-ordinairement salutaire que l'on oublie généralement de mentionner : l'obligation pour les gouvernements intéressés de s'entendre entre eux et de s'organiser pour

---

4. Eugène Berg, *La politique internationale depuis 1955,* Paris, Economica, 1989, p. 48.

5. Seulement 13,5 milliards seront effectivement utilisés pendant les cinq ans que durera le plan Marshall.

planifier l'utilisation de l'aide, la gérer efficacement et en assurer le remboursement. C'est ainsi que naît sous l'impulsion des États-Unis, il faut le dire, l'Organisation européenne de coopération économique (OECE). Signée le 16 avril 1948 par 17 pays dont l'Allemagne et l'Italie, cette Convention visant à répondre à un projet de collaboration économique entre les États-Unis et l'Europe, constituera le prélude et la base expérimentale d'un véritable accord de codéveloppement entre tous les pays industrialisés de la planète. Le plan Marshall prendra fin en 1952, mais l'OECE poursuivra ses activités dans la ligne de la croissance économique de ses membres, jusqu'à se convertir, en 1961, en une association efficace et permanente de tous les pays développés.

## La plus grande croisade de tous les temps

À peine en état de fonctionner, les Nations Unies se penchent sur le problème des *régions sous-développées,* expression suggérée par les diplomates américains. La résolution n° 200, votée le 4 décembre 1948, attire l'attention sur le retard technologique des *pays sous-développés* et appelle à la « mobilisation d'équipes internationales d'experts pour conseiller et aider les gouvernements en matière de développement économique ». Cette date marque la consécration et la reconnaissance officielle par les instances internationales du développement aidé et planifié de l'extérieur.

L'appel à la mobilisation générale survient le 20 janvier 1949 quand le président Harry Truman, dans le fameux « Quatrièmement » ou « Point IV » du discours inaugural de son deuxième mandat, annonce *urbi et orbi* le lancement d'un programme « novateur et audacieux » d'aide au développement :

Quatrièmement. Nous devons nous engager dans un programme novateur et audacieux visant à mettre au service de l'avancement et de la croissance des régions sous-développées les bienfaits de nos acquis scientifiques et de notre progrès industriel.

Plus de la moitié des peuples de la terre vivent dans des conditions qui confinent à la misère. Ils manquent de nourriture. La maladie est leur lot. Leur économie demeure primitive et stagnante. Leur pauvreté constitue un problème et une menace non seulement pour eux, mais aussi pour les régions plus prospères. [...]

Les États-Unis sont à la tête de tous les pays dans le domaine de la recherche scientifique et la technologie industrielle appliquée. Nous disposons de richesses matérielles certes limitées, mais en ce qui a trait aux connaissances techniques, nos ressources, en croissance continue, sont inépuisables. [...]

Nous invitons les autres pays à se rallier à cette opération, en y apportant leurs ressources technologiques. Leurs contributions seront les bienvenues. Il s'agit d'une entreprise commune dans laquelle tous les pays travailleront ensemble, autant que faire se peut, sous l'égide des Nations Unies et de ses organismes spécialisés.

Quant au vieil impérialisme fondé sur l'exploitation et le profit, il n'a pas sa place dans nos plans. Ce que nous proposons, c'est un programme de développement fondé sur une conception démocratique et équitable des rapports et des échanges entre les peuples [6].

Ce discours sonne l'ouverture d'une campagne d'aide au développement et en fixe les paramètres. D'abord, une situation décrite comme un outrage à la morale : une vie économique et sociale « primitive et stagnante » ; un modèle : les États-Unis d'Amérique « *pre-eminent among*

---

6. W.W. Rostow, *op. cit.,* pp. 78-79.

*nations* » ; un objectif : le niveau de production et de consommation des sociétés développées ; un projet : la course au développement ; un puissant moyen : l'aide extérieure, c'est-à-dire un transfert généreux de capitaux et de technologie vers les pays sous-développés. Dès lors, la croyance au développement aidé se répandra sur toute la terre à la manière d'une vérité révélée.

Cette campagne prendra l'allure d'une croisade, la plus grande de tous les temps en vérité, car elle mobilisera non seulement l'Occident chrétien, mais tous les pays industrialisés du globe qui se lanceront à l'assaut du reste du monde : les régions sous-développées.

## L'institutionnalisation de l'aide

En juin 1950, le Congrès américain adopte la *Loi pour le développement international* autorisant le gouvernement à signer des accords d'aide avec les pays sous-développés sur une base bilatérale. La victoire des communistes en Chine et la montée de partis révolutionnaires dans de nombreux pays du Tiers Monde font pencher la balance du côté de l'aide militaire. En 1954, l'aide américaine au développement se chiffre à environ 6 milliards de dollars dont 86 % en aide militaire [7].

L'institutionnalisation du sous-développement et de l'aide au développement prend donc place dans la foulée des luttes de libérations nationales où les Deux Grands jouent le rôle de parrain idéologique et de fournisseur d'armement. L'empire du Bien et l'empire du Mal — chaque partie se déclarant du bon côté — vont se disputer âprement les États naissants sur le dos des populations : militairement, au besoin, ou par le truchement de la guerre

---

7. *Ibid.,* pp. 82-95.

froide dont l'arme principale sera l'aide au développement et la coopération militaire.

De son côté, l'ONU commence à réunir des équipes d'experts pour accumuler avis et analyses. Un premier rapport, déposé en 1951, décrit les pays sous-développés comme des sociétés duales — caractérisées par la coexistence d'un secteur traditionnel et d'un secteur moderne déconnectés l'un de l'autre — et recommande des programmes d'aide dotés des « budgets d'investissements nécessaires [8] ».

Reconnus comme les concepteurs et promoteurs de l'aide au développement, les États-Unis, empêtrés dans les conflits asiatiques — l'appui à Chiang Kaï-shek, la guerre de Corée —, tarderont à se doter d'une politique cohérente dans ce domaine. Les urgences domestiques en tiendront lieu. Ainsi, au début des années 1950, les parlementaires américains, pressés par un puissant lobby agricole, proposeront d'emprunter le canal de l'aide pour liquider les énormes surplus de denrées alimentaires accumulés depuis que l'agriculture européenne s'est redressée. C'est dans ce contexte qu'est votée, en 1954, la *Loi 480 : Des vivres pour la paix.* En vertu de cette législation, les États-Unis, bientôt imités par le Canada et la plupart des pays développés, commencent à inonder gratuitement et indistinctement les pays sous-développés de produits alimentaires. Farine, lait en poudre, fromage, viande en conserve sont expédiés en vrac aux quatre coins du Tiers Monde. Les Églises et autres organismes charitables se prêtent avec empressement à cette opération de *superdumping* dont le résultat, au fil des ans, sera de casser

---

8. Michel Beaud et Gilles Dostaler, *La pensée économique depuis Keynes,* Paris, Seuil, 1993, p. 146.

les reins de l'agriculture vivrière de la plupart des pays sous-développés. (Voir au chapitre 10, page 183 : « La calamité de l'aide alimentaire ».)

À partir de 1954, les pays sous-développés tentent de s'organiser pour mieux se positionner par rapport aux programmes d'aide offerts par les deux blocs. La célèbre Conférence de Bandung (1955) qui retentira de déclarations anticolonialistes et anti-impérialistes n'aura finalement qu'une conséquence pratique, celle de marquer l'adhésion officielle des jeunes États d'Afrique et d'Asie aux concepts de sous-développement et d'aide au développement.

Le mouvement de Bandung se prolongera et s'amplifiera sous la bannière du *non-alignement*. Les pays sous-développés qui s'en prévalent se réunissent à Belgrade, en 1961, pour manifester leur refus de s'aligner sur l'un ou l'autre des deux blocs. Ils y affirment leur volonté de profiter librement de leurs programmes d'aide, sans égard aux idéologies qui les sous-tendent [9].

Au début des années 1960, les pays sous-développés — *les 77* — se regroupent, dans le cadre de l'ONU, pour réclamer une conférence mondiale sur le commerce international. Ils proposent des actions conjointes pour soutenir le prix des matières premières et pour établir des mécanismes institutionnels qui permettraient de régler les iniquités dont les pays sous-développés s'estiment être victimes dans les échanges internationaux. La première Conférence des Nations Unies pour le commerce et le développement a lieu à Genève en 1964. La CNUCED, qui se voulait rien de moins qu'un anti-GATT, se réunit

---

9. Sur l'espoir qu'incarnait le mouvement du non-alignement, voir Eugène Berg, *Non-alignement et nouvel ordre mondial,* Paris, PUF, 1980.

depuis régulièrement tous les quatre ans, mais n'a jamais réussi à faire apporter la moindre correction effective aux règles du commerce international qui défavorisent les pays sous-développés [10].

En même temps, une vague de militantisme commence à déferler sur les pays sous-développés producteurs de pétrole. Ceux-ci, provoqués par l'intransigeance du cartel des compagnies pétrolières, se réunissent à Bagdad, en septembre 1960, pour créer l'Organisation des pays exportateurs de pétrole. L'OPEP ne parviendra à imposer un certain redressement des prix de son produit que 13 ans plus tard.

Alors que le Tiers Monde demeure impuissant et divisé, les pays développés réussissent à se regrouper en un bloc de plus en plus étanche dont la solidarité ne sera jamais sérieusement entamée. À la suite d'une série de négociations entre les États-Unis, la Grande-Bretagne, la France et l'Allemagne, il est convenu que l'OECE élargisse ses objectifs et ses cadres pour englober tous les pays industrialisés de la sphère capitaliste. C'est ainsi que l'Organisation européenne de coopération économique se transforme, le 30 septembre 1961, en Organisation de coopération et de développement économiques.

L'OCDE, par son Comité d'aide au développement, contribuera de façon décisive à la diffusion d'une vision unifiée de l'aide internationale dans tous les pays industrialisés. Le CAD veillera aussi à l'harmonisation des politiques d'aide.

La *Décennie du développement*, proclamée par les Nations Unies en 1960, vise le « décollage » des pays sous-

---

10. Voir Jean-Philippe Thérien, *Une voix pour le Sud, Le discours de la CNUCED*, Montréal, L'Harmattan et Les Presses de l'Université de Montréal, 1990.

développés au cours de cette même période. Dans la foulée de cette proclamation, tous les pays développés se dotent d'imposantes *agences d'aide au développement*.

Le Canada ouvre la marche en mettant sur pied, dès 1960, le Bureau de l'aide extérieure qui deviendra, en 1968, l'Agence canadienne de développement international (ACDI). En 1961, les États-Unis instituent la puissante *United States Agency for International Development* (USAID) : l'agence américaine d'aide au développement international.

Côté privé, on observe un foisonnement d'organisations non gouvernementales (ONG) d'aide au développement. Les Églises, les universités, les syndicats et toutes sortes d'associations sentent le besoin impérieux de se porter au secours des déshérités des régions sous-développées. Les ONG, tout en se voulant autonomes à l'égard des gouvernements, se trouvent presque toujours associées *de facto* — souvent par le financement — aux politiques extérieures des États. On en compterait aujourd'hui environ 5000 dont l'action est orientée vers le Tiers Monde [11].

En 1965, deux importants organismes multilatéraux viennent compléter la grande famille des organismes d'aide au développement de l'ONU : le Programme des Nations Unies pour le développement (PNUD) et l'Organisation des Nations Unies pour le développement industriel (ONUDI). Parmi les membres les plus illustres et les plus bureaucratisés de cette famille, mentionnons l'Organisation pour l'alimentation et l'agriculture (FAO), le Programme alimentaire mondial (PAM), le Fonds international de développement agricole (FIDA), le Fonds des Nations Unies pour l'enfance (UNICEF) et le Haut Com-

---

11. Christian Lechervy et Philippe Ryfman, *Action humanitaire et solidarité internationale : les ONG,* Paris, Hatier, 1993.

missariat pour les réfugiés (HCR). L'ONU et ses institutions spécialisées constituent sans contredit la référence
obligée, le fer de lance de ce qui est devenu une véritable
« industrie de l'aide ».

Au début de la décennie 1970, l'aide au développement
s'est déjà généralisée et institutionnalisée. On verra plus
loin comment les programmes d'aide se sont convertis
peu à peu en un système efficace d'endettement. À la veille
du *choc pétrolier*, la dette du Tiers Monde s'élève à 110
milliards de dollars. Les termes de l'échange continuent
de se détériorer : de 1955 à 1973, ils fléchissent de 17 %
au détriment des pays sous-développés. Le Tiers Monde,
qui comptait pour 21,3 % dans le commerce mondial en
1960, voit sa part réduite à 17,6 % en 1970.

## Du choc pétrolier au
## Nouvel Ordre économique international

Une certaine grogne commence à monter dans les pays
sous-développés, mais personne n'y prête attention...
jusqu'à la résurgence de l'OPEP en 1973. Pour la première
fois depuis le début de l'ère du sous-développement, un
groupe de pays du Tiers Monde réussit, grâce à une
conjoncture exceptionnelle — la guerre israëlo-arabe —,
à s'organiser et à imposer un prix plus équitable pour ses
produits. Le *choc pétrolier* apparaît alors comme le signe
précurseur d'un nouveau rapport de force entre le monde
développé et le Tiers Monde. Les pays sous-développés
riches en matières premières croient un moment à la
possibilité de remodeler l'ensemble du système économique mondial dont les règles établies à Bretton Woods
semblent jouer constamment en leur défaveur. Un véritable
dialogue paraît dorénavant non seulement plausible, mais

nécessaire. On parle de l'urgence d'élaborer une stratégie globale du développement. Les programmes ponctuels ne suffisent plus, on en convient de part et d'autre.

L'ONU, saisie par la CNUCED des inquiétudes grandissantes des pays en mal de développement, se réunit en assemblée générale extraordinaire, en avril 1974, pour se pencher spécifiquement et exclusivement sur les problèmes du développement et de la coopération, et sur l'urgence d'instaurer un nouvel ordre économique à l'échelle mondiale. La *Déclaration et le programme d'action concernant l'instauration d'un nouvel ordre économique international* sont adoptés par consensus, le 1er mai. Le NOÉI suscite un immense espoir. D'aucuns prédisent l'avènement d'un « droit international du développement ». Le préambule de la *Déclaration* annonce une ère de justice :

> L'instauration d'un nouvel ordre économique international [...] permettra d'éliminer le fossé croissant entre les pays développés et les pays en voie de développement et assurera, dans la paix et la justice, aux générations présentes et futures un développement économique et social qui ira en s'accélérant [12].

Ironiquement, la *Déclaration du 1er mai* marque la fin de ce que l'on pourrait appeler la *Belle Époque* du développement. Par la suite, c'est la désillusion, la soumission, la dérive. Car le Nouvel Ordre économique international heurte de front les intérêts de l'ordre établi. Les pays industrialisés trouvent rapidement les moyens de faire échec aux exigences de l'OPEP, de même qu'aux revendications jugées trop subversives des tiers-mondistes. De leur côté, les élites du monde sous-développé, à l'instar

---

12. *Yearbook of the United Nations,* New York, Nations Unies, 1974, p. 324.

des fondateurs de l'OPEP, se rendent compte qu'ils ont besoin du système établi pour sauvegarder leurs intérêts. Le NOÉI a le mérite d'étaler au grand jour ces intérêts.

De tous les programmes créés en 1976 pour stabiliser les produits de base, un seul, celui sur le caoutchouc, fonctionnera effectivement. Il cessera d'exister en 1985. Les autres programmes s'enliseront dans les discussions préalables et les études de faisabilité. La plupart des pays développés s'en retireront d'ailleurs progressivement. En 1991, le Canada s'esquivera à son tour, alléguant qu'il n'a pas les moyens de participer à des négociations où ses intérêts immédiats ne sont pas en jeu. Cette désaffection en catimini des pays industrialisés annonce la mort en douce du NOÉI [13].

En 1975, les deux blocs antagonistes — le capitalisme et le socialisme — amorcent un certain rapprochement. La Conférence sur la sécurité et la coopération en Europe marque le début d'un dialogue entre les deux systèmes et une relégation plus marquée du Tiers Monde. Par contre, les tentatives pour instaurer un « dialogue Nord-Sud » échouent sur les plages de Cancun en 1981.

## De la crise de la dette au verrouillage du Tiers Monde

Mis à genoux par les problèmes issus de l'endettement et de l'effondrement des cours des matières premières, le Tiers Monde se voit forcé d'accepter les dures conditions du Fonds monétaire international et de la Banque mondiale. Ces conditions sont établies dans les Programmes d'ajustement structurel (PAS) que les deux institutions de

---

13. Voir *Bulletin de l'Institut Nord-Sud,* Ottawa, hiver 1992, p. 3.

Bretton Woods sont à même de lui imposer à partir de la *crise de la dette*, en 1982. Il s'agit, le mot le dit, d'*ajuster* les structures économiques et commerciales, donc sociales, des pays sous-développés aux exigences de la libre concurrence du marché mondial.

La guerre du Golfe marque un tournant dans la géopolitique de l'aide au développement. Au cours des années 1940 et 1950, Truman et Eisenhower ont organisé l'endiguement (*containment*) du communisme dans le Tiers Monde. Voici qu'au cours des années 1980 et 1990, Bush et Clinton se voient obligés d'organiser le *containment* du Tiers Monde par la force. En 1991 donc, pour la première fois, les pays industrialisés, y compris la Russie, se coalisent et se lèvent en armes contre un pays du Tiers Monde, dans le but à peine voilé de prendre le contrôle d'une matière première — le pétrole — jugée vitale pour les intérêts du monde capitaliste. C'est le retour aux méthodes coloniales, le système de coopération internationale s'étant retourné contre les protagonistes de l'aide militaire. L'affrontement ne fait sans doute que commencer. Qui sait si ce nouvel axe de confrontation ne s'avérera pas beaucoup plus périlleux que l'ancienne opposition Ouest-Est ?

Au lendemain de sa victoire sur l'Irak, un président Bush euphorique proclame l'avènement d'un *Nouvel Ordre mondial*. L'aide au développement n'a plus désormais l'urgence qu'on lui prêtait depuis près de 50 ans. Un de ses mobiles de fond, la lutte contre le communisme, a disparu. L'effondrement de l'URSS et la « tiers-mondisation » de la Russie font en effet partie de la nouvelle donne.

La ratification des accords du GATT à Marrakech, en 1994, institutionnalise la libre concurrence tous azimuts

à l'échelle de la planète, sans égard aux inégalités technologiques et financières accumulées. La métamorphose du
GATT en Organisation mondiale du commerce (OMC)
ne change rien à son orientation qui est de déréglementer
à l'extrême les échanges commerciaux au lieu de les
organiser. Le Tiers Monde, pratiquement tenu à l'écart de
cette foire d'empoigne entre les États-Unis, l'Europe et le
Japon, en sort un peu plus affaibli.

Voilà brossée à grands traits la fresque de cinquante
ans d'histoire du financement du développement par l'aide
et l'emprunt extérieurs. Ses résultats : le surendettement
chronique des pays aidés qui deviennent de plus en plus
dépendants et toujours plus nombreux à être ravagés par
la famine, les conflits internes et le despotisme. De tous
les pays étiquetés comme sous-développés, pas un seul n'a
réussi à se débarrasser des liens de dépendance qui caractérisent cet état. Quelques-uns seulement, trois ou quatre,
qui ont su se prémunir contre le système de l'aide extérieure, peuvent être considérés comme des pays en *voie de
développement*.

CHAPITRE 2

# L'étendue du sous-développement

L'AIDE AU DÉVELOPPEMENT suppose au départ une situation anormale et inacceptable appelée *sous-développement*. Comment définir ce phénomène ? Comment l'expliquer ? Comment le reconnaître ? Comment en mesurer l'étendue, la diversité et l'hétérogénéité ? Comment situer le Tiers Monde par rapport au monde développé ?

Telles sont les questions préalables auxquelles il faut répondre pour mieux être en mesure de déchiffrer, dans les chapitres suivants, la triple énigme proposée à l'humanité par les sphinx des institutions financières internationales : à qui profite l'aide étrangère ? où conduit le développement à crédit ? à quoi sert la dette du Tiers Monde ?

## Les mots pour le dire

### Sous-développement et développement

Le choix du vocabulaire n'est jamais innocent. Car les mots sont chargés de valeurs, d'intérêts, de préjugés. Le terme *sous-développement* est à la fois évocateur et

mobilisateur. En même temps qu'il suggère un état d'insuf-
fisance et de subordination, il insinue une comparaison.
Le sous-développé ne peut se situer et se comprendre lui-
même que par rapport à un développé. Et le sous-
développement n'a de sens que si on le compare à son
opposé : le développement [1].

Walt Whitman Rostow, un économiste devenu conseiller politique influent sous Eisenhower et Kennedy,
résume cette vision dans un livre repère publié en 1960,
*The Stages of Economic Growth : A Non-Communist
Manifesto* [2]. Cet ouvrage aura une influence considérable
sur les théoriciens et praticiens de l'aide au développement.
Selon l'auteur, le développement comprend cinq étapes
successives. Au début, c'est la société traditionnelle, pré-
capitaliste ; vient ensuite un stade de préparation qui correspond à un début d'industrialisation ; suit le décollage
— *take-off* — c'est-à-dire le développement, cap critique
difficile à franchir ; puis c'est la marche vers la maturité ;
enfin, arrive l'ère de la consommation de masse des pays
développés : c'est le but visé, l'objectif suprême.

Le décollage se produit lorsque le taux d'investissement
atteint entre 10 et 12 % du revenu national. Rien de nouveau en cela, car il s'agit d'un constat reconnu comme
une évidence par tous les observateurs de la scène
économique. Le fond du problème réside dans le fait que
les pays sous-développés n'arrivent pas à produire le gros
des capitaux nécessaires au décollage de l'appareil. Pour-

---

1. Voir l'analyse de Wolfgang Sacks, « Development : A Guide to
the Ruins », *in The New Internationalist,* juin 1992.

2. Publié en français sous le titre *Les étapes de la croissance économique,*
Paris, Seuil, 1962. À noter le sous-titre dans la version originale
anglaise qui laisse percer l'intention politique de l'auteur : *Un
manifeste non communiste.*

quoi cette incapacité à mobiliser et à investir l'épargne nationale ? Une raison simple : cette épargne n'existe pas ou si elle existe, elle apparaît comme si rarissime que l'on perdrait son temps à essayer de la glaner. Rostow évoque aussi le manque d'initiative et d'esprit d'entreprise des élites du Tiers Monde affligées d'une inexplicable paresse technologique et « entrepreneuriale ». Il les incite vivement à se mettre à l'école des économies développées. En attendant, leurs pays ont un pressant besoin d'aide. L'économiste recommande donc un apport extérieur important de capitaux et de technologie que les États-Unis sont tout prêts à leur fournir.

On reconnaît aisément dans cette explication « scientifique » le discours des politiciens qui proposent le développement à crédit dans le Tiers Monde. Elle tombe comme une justification *a posteriori* des politiques d'aide au développement.

Comment les pays sous-développés rembourseront-ils ces capitaux venus de l'extérieur ? Ici encore, les économistes ont la réponse facile : par l'exportation des produits de leur spécialité, c'est-à-dire, les matières premières. Ils seront encouragés d'ailleurs, selon la théorie libérale des « avantages comparatifs [3] », à pousser à bout cette spécialité, pour une « division internationale du travail » toujours plus efficace.

---

3. Théorie élaborée par David Ricardo au XIXe siècle selon laquelle un pays devrait importer les marchandises produites ailleurs à meilleur coût et se spécialiser dans l'exportation de biens qu'il peut produire à moindres frais. La spécialité des pays sous-développés est tout indiquée : les matières premières. L'apparente solidité de cette thèse s'effrite de jour en jour du fait de l'évolution de la structure des échanges internationaux : prédominance des sociétés multinationales, mobilité des capitaux, diffusion instantanée de l'information et le reste.

La libre concurrence sur les marchés internationaux interviendra comme un aiguillon bienfaisant pour tonifier ces jeunes économies souvent portées au relâchement. Pouvoir soutenir une telle concurrence, voilà, selon les experts de la Banque mondiale, le véritable test du développement [4].

## Des « pays en voie de développement » ?

Au cours des années 1950, l'expression *pays sous-développés* commença à laisser poindre une connotation péjorative que les Américains, dans leur paternalisme bon enfant, n'avaient point vue. Les Européens la remplaceront par une « fiction polie [5] » : *pays en voie de développement* (PVD). Euphémisme habile, mais trompeur qui constitue, dans la plupart des cas, un véritable détournement de sens. Comment peut-on accepter sans rire — ou sans pleurer — que le Zaïre, la Somalie, le Rwanda ou Haïti soient considérés comme des pays en voie de développement ? Ce sont, en vérité, des pays en voie de sous-développement, comme, du reste, tous ces États rangés pudiquement par les organismes internationaux dans la catégorie des *pays moins avancés* (PMA).

## Le Sud

Un autre euphémisme, non moins équivoque, fait son apparition au début des années 1980, quand on commence à parler du *Sud* sous-développé par opposition au *Nord* développé. Cette dénomination spatiale donne à penser que la situation géographique et climatique d'un pays

---

4. *Rapport sur le développement dans le monde 1987*, Paris, Economica, p. 30.

5. Le mot est de Tibor Mende.

pourrait être un facteur de sous-développement ou de développement [6]. N'apprenait-on pas dans les anciens manuels de géographie que les habitants des pays tropicaux sont souvent « indolents et paresseux », alors que les peuples nordiques, fouettés par la froidure, réussissent à progresser malgré les désavantages d'un climat adverse ? Cette croyance, qui encore aujourd'hui ne manque pas d'adeptes, est démentie par les faits : des pays très industrialisés, comme le Japon, l'Australie et la Nouvelle-Zélande, prospèrent dans le Sud.

### Le non-alignement

Que dire des expressions *non-alignement, pays non alignés ?* Bien avant l'effondrement du bloc communiste, on l'a vu au chapitre précédent, le non-alignement était devenu une coquille vide. La complicité des deux « premiers » mondes dans la mise en échec du Nouvel Ordre économique international avait révélé l'inanité de la stratégie du non-alignement. Aujourd'hui, le concept lui-même a perdu tout son sens, car il ne reste plus qu'un seul pôle sur lequel l'ensemble des dirigeants des pays sous-développés s'alignent assez docilement, sauf de très rares exceptions.

---

6. Les premiers économistes du développement-sous-développement, au cours des années 1950, utilisaient volontiers cette terminologie géoclimatique. Exemple : « Now, the contribution of the temperate world to the tropical world, whether in capital or in khowledge [...] », Arthur Lewis, « Economic Development with Unlimited Supply of Labor » *in The Manchester School of Economic and Social Studies,* vol. XXII, 1954, p. 183.

### Si le nom nous scandalise...

Dans cet essai critique, j'ai préféré éviter la langue de bois. De façon délibérée, j'ai choisi d'appeler sous-développés les pays sous-développés. Cela, afin de mieux cerner les données du problème. Le concept de sous-développement a été et reste encore la clef de voûte d'une géopolitique qui n'a rien perdu de son actualité. L'édulcorer pour en faire de la tarte à la crème plus facile à avaler risque de fausser la réalité qu'il a servi à édifier. Le mot est cru certes, mais il est loin d'être incorrect. Il dit simplement ce qu'il veut dire. Au demeurant, c'est la chose, bien plus que le nom, qui devrait nous scandaliser...

Est-il besoin de préciser qu'en l'occurrence le qualificatif sous-développé s'applique à des régions, à des pays, à des États et non pas à des personnes ?

## Un concept géopolitique : le Tiers Monde

La dénomination *Tiers Monde* est un terme géopolitique utile et jusqu'à présent irremplaçable pour désigner l'ensemble hétérogène des pays sous-développés et mal développés, sans égard à leur système socio-politique et à leur degré d'évolution économique. La paternité en est attribuée à Alfred Sauvy. Dans un article intitulé « Trois mondes, une planète », paru le 14 août 1952 dans *L'Observateur*, le célèbre démographe français écrivait :

> Nous parlons volontiers des deux mondes en présence, de leur guerre possible, de leur coexistence, etc., oubliant trop souvent qu'il en existe un troisième, le plus important et, en somme, le premier dans la chronologie. C'est l'ensemble de ceux que l'on appelle, en style Nations Unies, les pays sous-développés. [...]

Et peut-être, à sa vive lueur, le monde n° 1 pourrait-il, même en dehors de toute solidarité humaine, ne pas rester insensible à une poussée lente et irrésistible, humble et féroce, vers la vie. Car enfin, ce tiers monde ignoré, exploité, méprisé comme le tiers état, veut, lui aussi, être quelque chose.

Ce jeu de mots ingénieux, en assimilant la situation des pays sous-développés à la condition des exclus politiques de l'ancien régime français, a le mérite de poser le problème du sous-développement au bon endroit : sur le terrain politique. Il situe géopolitiquement l'ensemble des pays sous-développés par rapport aux deux camps hégémoniques issus de la Seconde Guerre mondiale : le club des pays capitalistes industrialisés et le bloc des régimes socialistes de l'Europe centrale et orientale. En marge de ces deux mondes : le Tiers Monde qui, lui, n'a jamais réussi à former un bloc.

Malgré la disparition du pôle communiste, l'appellation reste valide. D'abord, parce que les connotations principales demeurent : l'exclusion, la dépendance, l'exploitation. Cette charge sémantique correspond toujours à la réalité des pays sous-développés. En second lieu, les pays est-européens anciennement regroupés sous la bannière socialiste continuent de former une catégorie à part dans les nomenclatures officielles des Nations Unies et des Institutions financières internationales (IFI) ; ils constituent toujours un deuxième monde entre le premier qui refuse de les intégrer de plain-pied et le troisième dont ils refusent les stigmates.

## L'approche statistique : les symptômes

Comment définir le sous-développement ? On s'est habitué, à l'instar des Nations Unies et des agences d'aide au développement, à le décrire par ses symptômes : la sous-alimentation, la mortalité infantile, l'analphabétisme, le PNB par habitant, l'endettement et le reste. Le principal défaut de ces indicateurs, qui ne sont que des moyennes, est de dissimuler les énormes disparités qui existent à l'intérieur d'un même pays. Ils voilent ces poches de richesses où les nantis vivent aussi bien ou même mieux que les gens les plus fortunés des pays industrialisés.

Le plus célèbre de ces indicateurs est le PNB ou *produit national brut* par habitant [7]. Il est censé être l'outil d'évaluation de l'activité productrice d'un pays. On l'obtient en additionnant, au prix du marché, tous les biens et services produits dans une année. Au Zaïre, par exemple, le PNB par habitant, qui est de 220 $US, indique combien chaque Zaïrois pourrait recevoir si le PNB était divisé également entre tous les citoyens du pays. C'est un double mensonge. D'abord, parce le PNB n'est pas réparti de façon égale et ensuite, parce que, s'il l'était, ce chiffre ne serait plus le même. En effet, si le président Mobutu, dont la fortune colossale s'élève à quelques milliards de dollars, cessait d'accaparer à son profit une partie considérable du revenu national, tout le pays en serait dynamisé. Le PNB trompe aussi par le fait qu'il ne tient pas compte de l'autoconsommation de millions de paysans et d'« informels » qui vivent pratiquement à l'écart de l'économie de marché.

La fiabilité de ces indicateurs, PNB ou autres, s'avère donc très relative. Ils ont pourtant leur utilité : celle de

---

7. Il est question dans cet essai tantôt de PIB, *produit intérieur brut*, tantôt de PNB, *produit national brut*. Le premier ne tient compte que des biens et services produits sur le territoire national par ses résidants, nationaux ou étrangers. Le second comptabilise en plus les biens et services produits à l'étranger par les ressortissants du pays.

mettre en évidence l'énormité des écarts existant entre les pays riches (une moyenne de 21 000 $ par habitant) et les plus désargentés (330 $ en moyenne).

Le mot lui-même, *sous*-développement, donne à penser qu'il s'agit d'une question de degré, d'un seuil chiffrable en deçà duquel un pays tombe en dessous de la norme. Dans cette perspective, les experts internationaux ont dressé une liste d'indicateurs censés caractériser l'état de sous-développement. Cette approche statistique est celle qui prévaut dans les rapports des organisations internationales, dans les médias et chez la plupart des spécialistes de l'aide au développement.

Cette méthode essentiellement descriptive part du postulat que les pays sous-développés sont tout simplement *arriérés* ou *retardataires*. C'est le nom d'ailleurs — *backward countries* — que l'Occident leur donnait volontiers avant l'invention du sous-développement. Des pays en retard quant à la production — PNB par habitant — et à la consommation. Le *Petit Robert* a cristallisé cette vision dans la définition suivante : « Pays dont l'économie n'a pas atteint le niveau des pays industrialisés [8] ».

## L'approche structurale : les causes

Parallèlement à cette approche quantitative et descriptive, des études issues principalement du Tiers Monde n'ont cessé d'expliquer le sous-développement non pas comme une question de degré, mais de nature. Ou, si l'on veut, de structure. Alors que l'approche statistique s'attache aux effets du sous-développement et ne renseigne que médiocrement sur ses causes, l'approche structurale

---

8. *Sub verbo* : « Développement ».

s'emploie à démonter les mécanismes internes qui diffé-
rencient une économie sous-développée d'une économie
développée. Des mécanismes qui arriment les économies
sous-développées aux économies développées dans une
position de dépendance.

L'Argentin Raul Prebish est le premier à démontrer que
le sous-développement est fondamentalement un système
de dépendance qui résulte de la division internationale
du travail ; celle-ci, à son tour, est une conséquence du
colonialisme [9]. Dépendance et échange inégal se con-
crétisent dans l'exportation de produits bruts ou semi-
finis contre l'importation de capitaux et de produits
manufacturés à haute valeur ajoutée. Dans l'interdépendance inégale, le rapport entre les prix à l'exportation
et les prix à l'importation tend à se détériorer constamment, au détriment des pays sous-développés. C'est la
dégradation des termes de l'échange.

L'économiste brésilien Celso Furtado et son école expli-
quent comment ces facteurs externes du sous-
développement engendrent dans un même pays des économies désarticulées [10]. Les firmes exportatrices, polarisées
par les marchés internationaux, s'adaptent aux exigences
de production et de consommation de l'extérieur. Tout se
passe comme si elles n'étaient pas partie intégrante de
l'économie nationale. Toute la structure économique est
tournée vers la consommation des classes les plus riches.
Il en résulte un pays coupé en deux. Ainsi le Brésil, en

---

9.  Raul Prebish, *The Economic Development of Latin America and
    its Principal Problems,* New York, Nations Unies, 1950.

10. Celso Furtado, *Desenvolvimento e subdesenvolvimento,* Rio de
    Janeiro, Fundo de Cultura, 1961 ; *Développement et sous-
    développement,* Paris, PUF, 1966.

dépit de ses prodigieuses richesses naturelles et d'un secteur exportateur très diversifié qui font de cet immense pays la dixième puissance économique du monde, demeure une des sociétés les plus inégalitaires de la planète : les 10 % plus riches se partagent 48 % du revenu national, alors que 40 % de la population (60 millions de personnes) vit dans l'extrême pauvreté. Sa dette extérieure s'élève à 130 milliards de dollars. Le service de la dette représente 65 % des dépenses courantes. Un géant malade.

Au cours des années 1970, l'économiste égyptien Samir Amin vient compléter l'analyse en situant le sous-développement dans le contexte de l'accumulation du capital à l'échelle mondiale [11]. Le phénomène de la mondialisation n'est pas nouveau. Depuis le début des temps modernes, toutes les économies du monde sont liées par les échanges commerciaux, financiers, monétaires et technologiques. Par le jeu de la libre concurrence, des investissements et des prêts bancaires, les pays développés, au centre du système, sont en mesure d'accumuler toujours plus de richesse aux dépens des pays qui se « sous-développent » en périphérie. C'est la théorie centre-périphérie qui explique, en dernière analyse, *le développement du sous-développement.*

Ainsi, en 1950, l'écart entre la moyenne du Tiers Monde et celle des pays développés est, en termes de PNB réel par habitant, de 1 à 5. En 1980, cet écart passe de 1 à 7,5 et, en 1990, de 1 à 8,2. Si l'on compare les pays moins avancés aux pays industrialisés, le fossé se creuse avec

---

11. Samir Amin, *L'accumulation à l'échelle mondiale,* Paris, Anthropos, 1970. Aussi, *Le Développement inégal,* Paris, Éditions de Minuit, 1973.

beaucoup plus de rapidité, passant de 1 à 19 en 1950 à
1 à 47 en 1990 [12].

En fin de compte, un pays sous-développé est un pays
dont les rouages économiques s'engrènent de façon
subordonnée dans la mécanique géante de l'économie
mondiale. C'est un pays qui se sous-développe, dans un
sous-fonctionnement structurellement périphérique.

## Les caractéristiques du sous-développement

Quatre séries de rouages, complexes et combinés,
caractérisent le fonctionnement des pays sous-développés
et contribuent à les maintenir dans le sous-
développement :

### 1. La dépendance financière et monétaire

La politique du développement à crédit proposée, voire
imposée, aux pays sous-développés depuis les années 1940
les a conduits à un surendettement qui les rend dépendants
des marchés financiers extérieurs. Le service de la dette —
intérêt et capital — constitue une ponction appauvrissante
qui tend à annuler toutes les possibilités d'investissement
à partir de l'épargne interne. Les fluctuations brusques
des taux d'intérêt et de change viennent saboter toutes les
prévisions économiques. L'intervention des organismes
extérieurs de financement a des répercussions jusque sur
les plans politique et social.

---

12. Voir Paul Bairoch, *Le Tiers-Monde dans l'impasse, Le démarrage
économique du XVIII<sup>e</sup> au XX<sup>e</sup> siècle*, Paris, Gallimard, 1992, pp.
458-461.

## 2. L'extraversion du système économique

L'économie des pays sous-développés repose principalement sur l'exportation des matières premières — ci-devant appelées « denrées coloniales » — à faible valeur ajoutée, dont ils ne contrôlent pas les prix. Ils ne contrôlent pas non plus les prix des produits manufacturés ou alimentaires qu'ils importent. Ils ne disposent d'aucun moyen efficace pour faire évoluer les termes de l'échange en leur faveur de façon équitable. Le service de la dette les oblige à exporter toujours davantage et à se livrer entre eux une concurrence effrénée qui conduit infailliblement à l'effondrement des cours.

## 3. La désarticulation de l'économie nationale

La dépendance financière et l'extraversion commerciale conduisent à une économie nationale désarticulée. Le secteur exportateur est forcé d'adapter ses produits, sa technologie et sa gestion aux conditions extérieures. Les institutions bancaires tournées vers les flux financiers extérieurs se trouvent dépourvues de mécanismes adéquats pour capter l'épargne interne et la canaliser vers l'investissement productif. Par contre, les secteurs traditionnel et informel ne sont reliés à cette économie extravertie que par des rapports ténus. Cette désarticulation économique engendre et entretient une société duale.

## 4. La subordination des élites aux intérêts externes

Le régime colonial avait déjà façonné une classe politique indigène tournée vers la métropole et coupée de ses bases sociales. La généralisation de l'aide au développement va accentuer l'aliénation de ces élites — politiciens, bureaucrates et technocrates — désormais branchées sur l'aide internationale. Cette « aidocratie », dont on verra les assises et les orientations au chapitre 5, constitue un des rouages essentiels du système. Elle n'en est pas la cause, mais le résultat.

## Le classement !

À ces quatre caractéristiques essentielles, il faut en ajouter une autre, surprenante, mais non moins décisive : le classement. Dans le sens d'avoir un bon ou un mauvais classement dans un groupe, d'être bien ou mal classé par une institution. Dans la géopolitique mondiale, chaque pays se voit attribuer un rang, une place. Celui qui est classé comme sous-développé — ou « en voie de développement » — par les Nations Unies et les grandes organisations internationales ne peut plus sortir de cette catégorie. Sous-développé un jour, sous-développé toujours. Une affirmation confirmée par 50 ans de développement-sous-développement. Nul pays classé comme sous-développé, il y a 50 ou 30 ans, n'a jamais réussi à se débarrasser de cette étiquette. (Le Mexique constitue l'exception qui confirme la règle ; on en verra plus loin les raisons.) Et cela, malgré les gigantesques programmes bilatéraux et multilatéraux d'aide au développement, malgré les milliards de dollars prêtés et reprêtés, malgré les centaines de milliers d'experts internationaux et de coopérants, malgré toutes les stratégies élaborées par les plus fins stratèges du monde.

Cette classification ne correspond que très partiellement à des critères objectifs. La Corée du Sud, par exemple, qui jouit d'un PNB par habitant (6330 $US) et d'un degré d'industrialisation supérieurs à ceux du Portugal (5930 $US), est toujours classée parmi les pays sous-développés et considérée comme tel. Par ailleurs, le Portugal, qui arrive loin derrière plusieurs pays du Tiers

Monde, est classé et considéré comme un pays développé, ce qui évidemment l'aide à se développer. La Turquie, dont le PNB n'est que de 1700 $US — 59e sur la liste de la Banque mondiale —, fait partie du club sélect des 25 pays riches. Des raisons militaires et géopolitiques expliquent ce classement.

## Le Tiers Monde dans le monde

En 1994, la planète compte 180 États souverains, tous reliés entre eux dans une interdépendance économique et géopolitique certaine[13]. Au centre de ce système se trouvent les 25 pays de l'OCDE. Le deuxième cercle est constitué par les 27 pays de l'ex-bloc socialiste « industrialisé » : les républiques de l'ex-URSS et de l'Europe centrale. Les pays sous-développés, au nombre de 127, s'étalent dans une vaste périphérie en quatre sous-catégories ; c'est le troisième cercle. Israël oscille entre le premier et le troisième cercle.

### Le premier cercle : le « club des pays riches »

Les 25 pays industrialisés de la sphère capitaliste sont regroupés dans l'Organisation de coopération et de

---

13. *Atlaseco de poche,* (Paris, Éd. du Sérail, 1994) dénombre 225 États en incluant dans sa liste des territoires non indépendants. *L'État du monde 1994* (Paris, La Découverte/Boréal, 1994) retient 192 États souverains dont certains hors catégorie, comme Monaco, le Vatican, Malte et de très petites îles de moins de 10 000 habitants.
Nous nous en tiendrons à la liste, plus réaliste, du PNUD (*Rapport sur le développement humain 1994,* Paris, Économica, 1994) qui sera complétée, pour les nouveaux pays de l'Europe de l'Est, par celle du FMI dans sa publication *Perspectives de l'économie mondiale,* mai 1994.

développement économiques (OCDE) : c'est le club fermé des pays riches. Ils sont 23 au départ. Le Japon les rejoint en 1963. Leur nombre demeure inchangé jusqu'en mars 1994, alors que le Mexique y est accueilli après plusieurs années d'antichambre. Le texte qui suit a été écrit quelques mois auparavant :

> Dans le concert des organisations internationales, l'OCDE est un cas à part. À l'inverse, par exemple, de la Banque mondiale, elle n'a pas pour vocation d'accueillir tout le monde. On y entre par cooptation, comme dans n'importe quel club fermé, et non selon des critères objectifs comme le revenu national.
>
> Le postulant doit faire l'unanimité, selon la règle en vigueur pour toutes les décisions de l'OCDE. Ainsi le Mexique et la Corée, soutenus respectivement par l'Espagne et le Japon, devront attendre le bon vouloir de l'ensemble des pairs, leurs structures économiques étant jugées trop différentes de celles des pays membres pour pouvoir immédiatement travailler ensemble. Ce manque d'empressement traduit aussi une hésitation à accueillir des pays appartenant au bloc Sud [14].

En 1994, le Mexique reçoit donc sa lettre d'acceptation au sein de l'organisation des pays développés. En 50 ans de sous-développement, c'est la première fois qu'un pays du Tiers Monde franchit ce seuil. En forçant l'enceinte de l'OCDE en faveur du Mexique, les États-Unis ont voulu récompenser le gouvernement de Salinas de Gortari pour son adhésion quasi inconditionnelle à l'Accord de libre-échange nord-américain (ALÉNA). Quant à la Corée du Sud et aux autres postulants, ils devront prendre leur mal

---

14. Catherine Lévi, « Le club des pays riches », *in L'Europe de Yalta à Maastricht,* numéro spécial des dossiers et documents du journal *Le Monde,* octobre 1993, p. 44-45.

en patience et continuer de porter le macaron du sous-développement.

L'État d'Israël, bien que très industrialisé, a choisi de rester à l'écart de ce club, se contentant d'y participer par procuration. En se déclarant « pays en développement » — ce qui donne des droits —, il a accès aux avantages de la coopération internationale et profite ainsi du meilleur des trois mondes. Si l'on ajoute Israël au premier cercle, on obtient donc 26 pays.

## Le deuxième cercle : l'ex-bloc socialiste européen

Les pays de l'ex-URSS et de l'Europe de l'Est continuent de figurer, sur les listes des Nations Unies, dans la catégorie des pays industrialisés. Aucun d'entre eux, malgré un PNB souvent défaillant, n'est rangé parmi les pays sous-développés ou pays « en voie de développement ». On dénombre 27 États dans ce deuxième cercle.

Le premier et le deuxième cercles comprennent ensemble 52 pays. En comptant Israël dans le premier cercle, on obtient 53 pays « industrialisés ». Tous les autres, soit 127, sont sous-développés.

## Le troisième cercle : le Tiers Monde

Le Tiers Monde est un ensemble hétérogène de pays classés comme sous-développés. Sous-développés, ils le sont à des degrés divers selon les indicateurs choisis. On peut répartir les 127 pays du Tiers Monde en 4 sous-catégories selon leur PNB par habitant, bien sûr, mais aussi selon leur mode d'extraversion économique, technologique et géopolitique :

*1ère sous-catégorie : les huit pays exportateurs de pétrole à revenu élevé.*

Leur PNB par habitant — moyenne de 12 500 $ — se compare à celui des pays industrialisés, mais ils sont totalement dépendants d'un seul produit d'exportation : le pétrole.

*2e sous-catégorie : quatre pays que l'on peut considérer en voie de développement.*

Les situations de ces pays ne sont guère comparables entre elles. Chacun a atteint un certain degré d'autonomie par des voies fort différentes, en raison d'une main-d'œuvre abondante et peu exigeante, mais grâce aussi à une certaine vision de ses dirigeants qui leur a permis d'éviter le surendettement. Ce sont : Singapour, Hong Kong, la Corée du Sud et la Chine.

Les deux premiers sont des enclaves du capitalisme avancé au cœur du monde sous-développé. Colonie britannique, mais pour quelques années encore seulement, Hong Kong est une plaque tournante, une immense place financière au carrefour de l'Asie. Singapour s'est voulue une ville entrepôt ou mieux, une cité-État où les citoyens sont considérés comme des employés [15]. Elle s'est séparée de la Malaisie en 1965 pour orienter ses politiques en ce sens.

Le cas de la Corée du Sud est plus intéressant. Ses dirigeants ont su utiliser les gains d'une première phase d'exportation de matières premières pour les investir dans des industries à forte valeur ajoutée. Son secret réside

---

15. Voir Bernard Cassen, « Singapour vers le meilleur des mondes... », *in Le monde diplomatique,* août 1994.

surtout dans l'existence d'une agriculture vivrière dynamique, résultant d'une réforme agraire réussie.

La Chine, malgré un PNB apparemment bas, se développe normalement en raison de son faible taux d'endettement (14 % de son PNB) et de son taux élevé d'épargne intérieure brute. À ce dernier chapitre, elle détient le championnat mondial, soit 39 % de son PNB. Le cas de la Chine sera examiné plus en détail au chapitre 10.

Mentionnons aussi Taïwan, qui a tous les attributs d'un État souverain, mais qui n'est pas reconnu par les Nations Unies. Officiellement, c'est une province de la Chine. C'est sans doute le pays qui a connu le développement le plus harmonieux et le plus rapide. Sa recette : l'épargne et un endettement externe minimal.

*3ᵉ sous-catégorie : les pays maldéveloppés.*

Les 72 pays de ce groupe, dont certains sont considérés comme *nouveaux pays industriels* (NPI) présentent tous les caractéristiques du maldéveloppement : une économie extravertie et désarticulée, une société duale et surtout un endettement qui annule toute possibilité de capitalisation pour un développement harmonieux et autoentretenu.

*4ᵉ sous-catégorie : les pays moins avancés (PMA)*

Cette sous-catégorie, inventée en 1971 par les Nations Unies, désigne les pays plongés dans la misère : un PIB souvent inférieur à 500 $ par habitant, un taux d'alphabétisation en dessous de 20 % et une industrialisation presque nulle (moins de 10 % du PIB) ; leur nombre ne cesse d'augmenter : ils étaient 25 en 1971, 31 en 1981 et 43 en 1993. Ce sont des pays éminemment aidables et aidés.

## Le tableau de l'ordre géopolitique mondial

Le tableau qui suit permet de saisir d'un coup d'œil la place du Tiers Monde dans l'ordre géopolitique mondial. Cet ordre ne repose pas sur des critères purement objectifs comme le PNB par habitant. Il est plutôt fondé, nous l'avons vu, sur des intérêts et par conséquent, sur des critères politiques. Cependant, il a paru utile, à titre indicatif, d'inscrire le PNB/hab. après chacun des pays et de placer ceux-ci par ordre de PNB/hab. dans chaque catégorie et sous-catégorie.

Les chiffres, en $US, sont de 1991. Ils sont empruntés à la Banque mondiale, s'ils y sont disponibles. Dans le cas contraire, ils proviennent du PNUD ou d'*Atlaseco de poche 1994* et sont alors suivis d'un astérisque (*).

| Le 1er cercle<br>Le «club» des pays riches<br>(OCDE) | | Le 2e cercle<br>Autres pays «industrialisés»<br>(Ex-bloc socialiste de l'Europe de l'Est) | |
|---|---|---|---|
| Suisse | 33 610 | Slovénie | 6 050 * |
| Luxembourg | 31 860 * | Croatie | 5 000 * |
| Japon | 26 930 | Estonie | 3 830 |
| Suède | 25 110 | Lettonie | 3 410 |
| Norvège | 24 220 | Russie | 3 220 |
| Finlande | 23 980 | Bélarus | 3 110 |
| Danemark | 23 700 | Hongrie | 2 720 |
| Allemagne | 23 650 | Lituanie | 2 710 |
| États-Unis | 22 240 | Rép. Tchèque | 2 540 |
| Islande | 22 090 | Kazakhstan | 2 470 |
| Canada | 20 440 | Slovaquie | 2 450 |
| France | 20 380 | Ukraine | 2 340 |
| Autriche | 20 140 | Serbie | 2 300 * |
| Belgique | 18 950 | Moldavie | 2 170 |
| Pays-Bas | 18 780 | Arménie | 2 150 |
| Italie | 18 520 | Macédoine | 2 000 * |
| Australie | 17 050 | Bulgarie | 1 840 |
| Royaume-Uni | 16 550 | Pologne | 1 790 |
| Nouvelle-Zélande | 13 350 | Turkménistan | 1 700 |
| Espagne | 12 450 | Azerbaïdjan | 1 670 |
| Irlande | 11 120 | Géorgie | 1 640 |
| Grèce | 6 330 | Kirghizistan | 1 550 |
| Portugal | 5 930 | Bosnie-Herzégovine | 1 500 * |
| Turquie | 1 780 | Roumanie | 1 390 |
| Mexique (dernier venu) | 3 030 | Ouzbékistan | 1 350 |
| | | Tadjikistan | 1 050 |
| Israël (par procuration) | 11 950 | Albanie | 600 |

# CHAPITRE 3

# Le système de
# l'endettement durable

LE MODÈLE de développement fondé sur l'aide extérieure a donné naissance à une véritable industrie connue sous le nom rassurant de « coopération internationale », qui se déploie en de multiples institutions, petites et grandes, peuplées de dizaines de milliers d'experts qui manipulent des milliards de dollars.

Paradoxalement, ce système, au lieu de contribuer au mieux-être des populations du Tiers Monde, leur a mis sur le dos une dette énorme qu'elles sont condamnées à porter comme un fardeau perpétuel. Une dette en effet considérée comme éternelle parce qu'« irremboursable ». Il importe d'examiner les causes et les conséquences de ce phénomène de l'aide-endettement pour en dégager le sens et la portée.

Un coup d'œil d'abord sur le vocabulaire de l'« aide » qui abonde en euphémismes et en formules figées, comme dans la propagande politique.

## Le vocabulaire de l'aide :
## un bouquet d'euphémismes

L'*aide au développement* a été définie par une Convention de l'OCDE comme « l'octroi de ressources aux pays en voie de développement, à titre de dons ou de crédits préférentiels, comme les prêts à long terme ou à des taux d'intérêts bonifiés d'au moins 25 % par rapport à ceux du marché ». Ce qu'il faut savoir, c'est qu'une portion infime de ce qu'il est convenu d'appeler « aide au développement » se concrétise en dons. La plus grande partie de l'aide prend la forme de prêts, de lignes de crédit, d'investissements, de rémunération d'experts et de coopérants et donc, de profits pour les « donateurs ».

L'*aide publique au développement* (APD) est celle qui est mise à la disposition des pays sous-développés par les gouvernements et les organismes publics des pays développés, directement ou par le biais d'institutions multi-latérales. Ce type d'aide s'est élevé à 72,3 milliards de dollars en 1992. Sa gestion est extrêmement dispendieuse. « Les 75 000 à 100 000 experts étrangers envoyés chaque année dans les pays en développement coûtent environ 10 milliards de dollars, soit 15 % du total de l'aide [1]. »

L'*aide privée* comprend les transferts réalisés par des institutions privées sous forme de dons, d'assistance technique, de participations personnelles ou financières les plus diverses ou de prêts bonifiés. L'apport des « organisations non gouvernementales », des missions et des Églises ne compte que pour environ 3 % de l'aide totale au développement, mais consiste principalement en dons.

---

1. Micheline Rousselet, *Les Tiers Mondes,* Paris, Le Monde Éditions (coll. Marabout), 1994, p.218.

L'*aide multilatérale* est celle qui relève des organisations internationales comme les Nations Unies, la Banque mondiale, la FAO et de multiples institutions régionales telles que la Communauté économique européenne, la Banque interaméricaine de développement, etc.

L'*aide bilatérale*, effectuée d'État à État, constitue un élément important de la politique commerciale extérieure des pays donateurs. Ainsi, la stratégie de l'ACDI qui privilégiait, au cours des années 1980, le développement des ressources humaines, visait essentiellement « à lier l'aide canadienne au "savoir canadien" [2] ».

L'*aide liée* est celle d'un État qui conditionne son APD à l'acquisition chez lui de marchandises, de services et de technologies déterminés. L'argent ne sort pas du pays donateur. Un exemple frappant : « Entre 1981 et 1983, 94 % de l'ensemble des fonds fournis par la Suisse ont été dépensés en Suisse même [3] ».

Les *apports privés* — crédits, prêts et investissements de toutes sortes — sont souvent qualifiés d'aide, mais il s'agit là d'un véritable abus de langage, car ses agents recherchent avant tout le profit.

Les *flux financiers* entre les pays développés et sous-développés comprennent l'ensemble de l'aide au développement, les apports privés et les remboursements de dette. Le solde des transferts dans une direction par rapport à l'autre constitue le *transfert net* des ressources financières

---

2. Karen E. Mundy, « Human Resources Development Assistance in Canada's Overseas Development Assistance Program : A Critical Analysis », *in Revue canadienne d'études du développement,* vol. XIII, n° 3, 1992, p. 385.

3. Rudolf H. Strahm, *Pourquoi sont-ils si pauvres ?,* Boudry, Éditions de la Baconnière, 1986, p. 179.

## L'ABOUTISSEMENT DE LA
## COOPÉRATION MILITAIRE AU RWANDA

L'ABOMINABLE violence qui s'est emparée de cette minuscule république africaine qu'est le Rwanda n'est pas autant le fruit du hasard qu'il n'y paraît.

Jusqu'au 13 avril 1994, date à laquelle les rebelles antigouvernementaux ont marché sur la capitale, Kigali, le gouvernement du président Juvénal Habyarimana [tué le 6 avril] recevait de l'aide d'une source inattendue : la France.[...]

En 1975, deux ans après avoir pris le pouvoir en renversant le président qui l'avait engagé, M. Habyarimana a signé un accord de coopération militaire avec la France. Quand les rebelles du FPR (Front patriotique rwandais) [...] ont attaqué, en 1990, puis à nouveau l'an passé, c'est la France qui s'est hâtée d'envoyer troupes et artillerie pour soutenir le gouvernement.

L'aide française au régime de M. Habyarimana a été mise en évidence par les subventions accordées pour l'achat, par le Rwanda, de 6 millions de dollars d'armes égyptiennes. Un contrat, signé à Kigali en 1992, porte sur tout un arsenal de mortiers, d'artillerie de longue portée, de plastic et de fusils automatiques. Le paiement a été garanti par une banque nationalisée, le Crédit Lyonnais. [...]

En janvier, la France a dévalué le franc CFA, utilisé dans 14 pays de l'Afrique francophone. Il fallait y voir le signe attendu d'une baisse des subventions économiques. Mais la politique militaire de la France a du retard par rapport aux mesures économiques.

Parce qu'elle a soutenu le régime rwandais si longtemps, la France est en partie responsable du carnage actuel.

**Frank Smith**, *The New York Times*, cité par
*Courrier international*, n° 181, 21-27 avril 1994.

qui peut être soit positif soit négatif pour l'une ou l'autre des parties.

L'expression *coopération internationale* est un terme fourre-tout, généralement abusif lui aussi, qui désigne toute « contribution » au développement économique, social, culturel, politique et même militaire des pays sous-développés. Le concept de *coopération* tend à remplacer celui d'*aide* qui connote une action unilatérale d'assistance. C'est un euphémisme qui vise à présenter une intervention effectivement unilatérale sous le jour du partenariat.

L'*aide militaire* comprend la vente d'armement, l'octroi de bourses pour la formation d'officiers et l'assistance technique pour le maniement du matériel de guerre. Elle n'est pas gratuite non plus et fait normalement partie de l'APD. En France, par exemple, elle est, pour l'essentiel, gérée par le ministère de la Coopération.

## Un fardeau éternel

La dette des pays du Tiers Monde est passée de 9 milliards de dollars en 1955, à 572 milliards en 1980, puis à 1800 milliards en 1994. Ces pays remboursent annuellement, au titre du service de la dette — intérêts et principal —, une somme se situant, ces dernières années, autour de 200 milliards de dollars annuellement.

Alors que l'on continue de parler d'« aide au développement », le Tiers Monde finance le surdéveloppement du monde développé. Depuis 1983, les flux financiers entre pays riches et pays pauvres se sont inversés : les pauvres envoient plus d'argent aux riches que l'inverse. Les transferts financiers nets du Tiers Monde vers les pays développés, de 1983 à 1993, ont été de l'ordre de 300 milliards de dollars [4]. Ce montant équivaut, en termes réels, à deux fois le plan Marshall. Depuis le pillage de l'Amérique des Incas et des Aztèques par les conquistadors espagnols, on n'avait jamais assisté à de tels transferts de ressources monétaires du Sud vers le Nord, remarque un ancien responsable de la Banque mondiale [5].

Cette dette ne cesse d'augmenter, non seulement en chiffres absolus, mais aussi en pourcentage du PNB. Elle représentait 27 % du PNB en 1980 ; elle atteint 40 % en 1991. Pour l'Afrique subsaharienne, elle grimpe à 101 %. Pour plusieurs pays comme l'Égypte, La Jamaïque, Madagascar, Panama, elle équivaut à plus de 130 % de leur PNB. Le championnat revient au Mozambique avec 426 % [6].

Le montant de la dette du Tiers Monde est donc considérable, compte tenu de son rapport au PNB et de la capacité de payer de ces pays. Toutefois, si on la compare à la totalité des dettes privées et publiques du monde dont elle ne représente que 7 %, elle s'avère, somme toute, modeste. La dette publique fédérale des États-Unis (3241 milliards de dollars, en 1992) équivaut, à elle seule, à deux fois celle du Tiers Monde. Ce qui donne un caractère dramatique à l'endettement des pays sous-développés c'est, d'une part, leur insolvabilité et, d'autre part, leur dépendance à l'égard des créanciers étrangers. Et ce qui est plus grave encore, le service de la dette les dépouille de leurs propres épargnes au profit des pays riches. Au lieu

---

4. La Banque mondiale, *World Debt Tables,* 1982-1983, 1989-1990, 1992-1993.

5. Cité par Serge Halami, « La défaite du Sud », *in Le Monde diplomatique,* avril 1994.

6. PNUD, *Rapport mondial sur le développement humain 1994,* Paris, Economica, 1994, tableau 20, pp.180-181.

## Une montagne de dettes
Évolution de la dette du Tiers Monde de 1955 à 1993

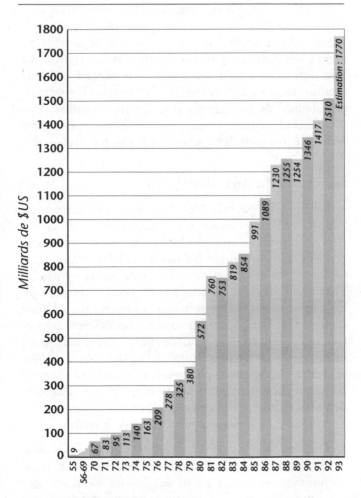

Source : *Banque mondiale, World Debt Tables.*

d'accumuler du capital, condition *sine qua non* du développement, ils « désaccumulent ».

Ce phénomène de décapitalisation systématique, souvent radicale, des pays sous-développés fait de la « coopération internationale » un facteur négatif de développement en dernière analyse. Le système d'aide a transformé leurs difficultés ponctuelles et conjoncturelles en une dette pratiquement « irremboursable ». Et comme les prêteurs ont décidé de ne jamais annuler ou « pardonner » totalement les créances d'un pays sous-développé, la dette du Tiers Monde est donc devenue pour ainsi dire éternelle.

## Les causes du surendettement

Pourquoi les pays du Tiers Monde se sont-ils endettés à ce point ? Pourquoi ont-ils dépassé, sans que leurs créanciers ne sonnent l'alarme, les limites de l'emprunt rentable et donc remboursable ? Passons sur les causes que rebâchent les médias comme la corruption des élites du Tiers Monde ou leur incompétence financière congénitale. Passons aussi sur les explications officielles, toutes aussi creuses, fournies par les institutions financières internationales : déficits budgétaires incontrôlés, emprunts inconsidérés, fluctuation imprévisible des taux d'intérêts et le reste. Recherchons plutôt les causes qui découlent de la logique du système, celles qui font partie des structures de l'édifice financier international.

À ce titre, cinq *causes structurelles* sont à retenir :

1. *Le démarchage des agences de coopération internationales* bilatérales et multilatérales — en tête de liste, la Banque mondiale — qui, à partir des années 1960 surtout, commenceront à faire miroiter aux yeux des dirigeants du Tiers Monde, avec des arguments d'une logique

irréfutable, des programmes prometteurs d'aide au développement, contribuant ainsi à ancrer dans les esprits l'idéologie du développement à crédit ;

2. *La surliquidité des banques* qui, à la même époque — ô coïncidence ! — se retrouvent avec des surplus énormes d'argent oisif. Elles se tournent alors vers le Tiers Monde où des gouvernants complaisants acceptent d'emprunter pour la réalisation de projets qui dépassent de loin leurs besoins et leur capacité technique de gestion. La course aux emprunteurs se poursuivra tout au long de la décennie 1970 au cours de laquelle la part des banques dans le total des créances des pays sous-développés passe de 48 à 71 %. Dans ce contexte, le déferlement des *pétrodollars* et des *eurodollars* sur le Tiers Monde fait sauter les dernières réticences des emprunteurs les plus prudents [7] ;

3. *Les lignes de crédit à l'exportation garanties par l'État.* Les marchés du monde industrialisé sont devenus trop étroits pour absorber l'abondance des biens et services qu'il peut produire ; les gouvernements, directement ou par leurs agences de développement, viennent au secours des industriels et des firmes de consultants pour

---

7. Les *pétrodollars* sont les devises placées sur les marchés financiers par les grands producteurs de pétrole à la suite de la hausse des prix résultant du choc pétrolier. Les *eurodollars* désignent l'importante masse de dollars US détenus par des banques européennes qui, ne pouvant écouler ces surplus de devises dans leur pays d'origine (les États-Unis), les utilisaient pour concéder des prêts à des conditions plus avantageuses que les banques américaines.

débloquer les voies du commerce sous le couvert de la coopération [8] ;

4. *L'économie d'endettement (overdraft economy)*, marquée par une véritable explosion des activités financières spéculatives qui prend forme à partir du premier *choc pétrolier* (1973) et s'accentue avec le second (1979), permet aux États du Tiers Monde — mais aussi du premier et du deuxième mondes — de trouver une offre de fonds prêtables pratiquement illimitée. Il y a là, constatait récemment le directeur de la Banque de Paris, un univers qui défie la raison, par l'énormité des masses qu'il met en mouvement et par la façon dont il fonctionne. Ainsi se développe, chez les responsables politiques du monde entier, une véritable « culture de l'endettement » ; on ne peut y résister sous peine de passer pour un gestionnaire borné, attardé dans une culture paysanne dépassée ;

---

8. Au Canada, c'est la *Société pour l'expansion des exportations*, une société de la Couronne, qui est chargée de cette mission. À titre d'exemple, voici un simple entrefilet paru dans *La Presse* du 15 juin 1994 :

« LA SEE AU CHILI : OPPORTUNITÉS. Les entreprises canadiennes désireuses de vendre des biens et services au Chili bénéficieront de deux nouvelles lignes de crédit, d'un montant total de 20 millions (US), établies par la Société pour l'expansion des exportations (SEE) avec deux banques chiliennes. Les lignes de crédit, de 10 millions chacune, ont été établies avec le Banco Sudamericano et le Banco O'Higgins. Les modalités de financement sont très concurrentielles et on souligne que les PME canadiennes trouveront que les nouvelles lignes de crédit constituent des outils de marketing utiles, dans l'éventualité où elles feront des affaires au Chili. Aux termes des accords, la SEE peut prêter jusqu'à 85 % du prix d'achat des biens et services canadiens. »

5. *Les politiques de « prêts à l'ajustement structurel »* du FMI
   et de la Banque mondiale qui octroient des crédits destinés à payer les intérêts des dettes déjà contractées, ce
   qui a pour effet de banaliser le surendettement et d'augmenter encore les créances.

## La crise de la dette

Le 13 août 1982, le Mexique annonce au monde qu'il
se trouve dans l'impossibilité de respecter ses obligations
concernant le service de sa dette extérieure. C'est la première fois, depuis le lancement du développement à crédit,
qu'un pays se déclare en faillite virtuelle. Ce n'est qu'un
début. D'autres pays parmi les plus endettés, comme
l'Argentine et le Brésil, suivent bientôt. Et l'on constate,
après la stupéfaction des premiers moments, que l'amon-
cellement inconsidéré de dettes dans la plupart des pays
du Tiers Monde conduira, à plus ou moins brève échéance,
au même résultat : l'insolvabilité. L'équilibre du système
monétaire et bancaire international se trouve menacé.

À compter donc de 1982, les principaux acteurs du
système déploient un surcroît d'imagination pour apporter
des correctifs à une situation apparemment non prévue,
mais pourtant bien prévisible. Il s'agit avant tout de
stabiliser la situation des banques par des mesures
pragmatiques. Il faut à tout prix éviter la « syndicalisation »
des débiteurs, surtout des plus gros qui peuvent en faisant
front commun se munir du pouvoir d'ébranler les colonnes
du temple. On doit donc s'empresser de traiter *au cas par
cas* chacune des faillites potentielles.

Il faut, en second lieu, éviter de « pardonner » entièrement les créances, même celles du débiteur le plus miséreux, afin de ne pas créer de précédent fâcheux, à savoir :

donner à croire qu'une dette peut, pour une raison ou pour une autre, ne pas être respectée. La légitimité du système en serait affaiblie.

Les premières mesures proposées pour pallier la faillite et le non-remboursement consistent essentiellement à repousser les échéances : rééchelonner sur de plus longues périodes le service de la dette.

Une deuxième série de mesures vise les banques commerciales qui, sous l'aile de la Banque mondiale, sont invitées à prêter davantage. C'est ainsi que l'on concède à beaucoup de pays des facilités d'emprunt pour payer les intérêts sur les vieilles créances. Le plan Baker, en 1985, prévoit une relance des crédits bancaires allant jusqu'à 20 milliards de dollars.

« L'avancée importante en 1989 a été la reconnaissance officielle par la communauté internationale de l'existence d'un "surendettement" dans les pays à revenu intermédiaire aux prises avec des problèmes d'endettement [9]. » Cette reconnaissance expresse formulée par le secrétaire au Trésor des États-Unis Nicholas Brady ouvre la voie à un accord rapide — le plan Brady — entre le FMI et la Banque mondiale qui offrent à leurs membres une variété de dispositifs à la carte pour alléger, rééchelonner, racheter et même annuler *partiellement* les créances des pays devenus insolvables.

Pendant ce temps, les grandes banques sortent de leurs tiroirs, lui donnant des proportions inédites, le vieux mécanisme de « provision pour créances douteuses ». Au printemps 1987, Citicorp, la plus grande banque des États-Unis, ouvre la marche en annonçant qu'elle affectera 3 milliards de dollars au poste de provisions pour mau-

---

9. OCDE, « Financement et dette extérieure des pays en développement », *in Communiqué de presse,* 28 août 1989.

vaises créances. La même année, les principales banques américaines, canadiennes et autres emboîtent le pas en bloquant des sommes qui s'élèvent au total à quelque 20 milliards de dollars. Ces pertes ont l'avantage d'abaisser d'autant, et pour plusieurs années, le revenu imposable des banques qui se trouvent ainsi à faire porter par l'ensemble des contribuables les conséquences néfastes d'une gestion... douteuse.

Les divers autres mécanismes mis en place pour atténuer le problème de la dette contribuent du même coup à consolider et à perpétuer le système de l'endettement, non pas à le corriger ni à trouver une solution de rechange. La « rétrocession des fonds empruntés », la « conversion des dettes » et le « cofinancement » n'ont pour but que de rendre de nouveau solvables, parfois à très court terme, les pays emprunteurs. Le modèle de développement à crédit n'est pas mis en cause. Au contraire, il en sort renforcé.

## Les conséquences du financement par l'endettement

Les conséquences néfastes du développement par l'endettement extérieur sont innombrables, car les répercussions peuvent affecter des populations et des régions entières pour de longues périodes. Soulignons les plus perverses :

- *la dévalorisation du rôle de l'épargne intérieure* dans le démarrage économique d'une collectivité ;

- *le drainage hors de la communauté nationale* — sous forme d'intérêts sur le capital et d'intérêts sur les intérêts — des ressources financières nécessaires au développement local ; le remboursement de la « surdette » apparaît alors comme une forme moderne de l'ancien tribut payé par l'État vaincu à l'État vainqueur ;

- *l'extraversion des économies sous-développées* par l'obligation d'exporter toujours davantage de matières premières (agricoles et minérales) afin d'acquérir des devises pour le service de la dette, une pratique qui contribue par ailleurs à fomenter une concurrence effrénée entre pays sous-développés et conduit finalement à l'effondrement des cours ;

- *le délaissement accentué de l'agriculture vivrière* au profit des cultures d'exportation avec, comme résultats, la dépendance alimentaire, la sous-alimentation, souvent la famine, et l'augmentation des pressions sur l'environnement ;

- *l'obligation d'importer des technologies coûteuses et inadaptées,* en raison notamment de l'aide « liée » ;

- *la dépendance croissante envers les institutions financières internationales,* lesquelles se trouvent en position de force pour imposer leur modèle de développement économique et social ;

- *la contraction des dépenses sociales* : éducation, santé, logement.

Enfin, dans un livre intitulé *L'effet boomerang,* Susan George explique comment le maldéveloppement engendré par le système de la dette finit par avoir des incidences catastrophiques jusque dans les pays développés [10] :

---

10. Susan George, *L'effet boomerang. Choc en retour de la dette du Tiers-monde,* Paris, La Découverte, 1992.

- *la dégradation aux répercussions planétaires de l'environnement* : destruction des forêts tropicales, érosion et désertification dues à l'exploitation intensive et extensive des terres pour l'agriculture d'exportation ;

- *l'intensification du trafic de la drogue* à partir des pays sous-développés où les élites devenues dépendantes de l'enrichissement externe facile recherchent dans le narcotrafic une sorte de prolongement de l'aide extérieure ;

- *les ponctions fiscales exercées sur les contribuables des pays riches* pour financer les créances douteuses des banques ;

- *le rétrécissement du marché mondial* par le fait de la clochardisation d'un nombre croissant de pays et de groupes sociaux ;

- *la migration en masse de miséreux et de réfugiés* vers les pays riches, conséquence de l'appauvrissement et de la déstabilisation des sociétés sous-développées : « Au cours des 30 dernières années, au moins 35 millions de personnes ont quitté le Sud pour le Nord. Ce chiffre s'accroît d'un million par année [11] » ;

- *la multiplication des conflits internes et externes* ; au cours de ce dernier demi-siècle, le Tiers Monde a connu 125 guerres ou conflits armés laissant un bilan de 40 millions de morts [12] ; 65 conflits armés, tous internes, y ont été recensés entre 1989 et 1992 seulement.

---

11. PNUD, *op.cit.,* p. 37.

12. Ces chiffres sont de Robert McNamara, secrétaire à la Défense sous Kennedy, « Toward a New World Order », *in Écodécision,* n° 2, septembre 1991, p. 15.

Une conséquence encore plus grave du développement extraverti pourrait être l'apparition d'« États pirates [13] », comme cela se passe actuellement au Libéria et dans un nombre croissant d'États complètement extravertis. Dans certains cas, la surdose d'aide et d'intervention internationales peuvent conduire à la désintégration totale de l'État et, dans le vide ainsi créé, on pourrait voir s'installer des pirates modernes branchés à la fois sur l'aide internationale et sur des organisations criminelles puissantes et efficaces. N'est-ce pas ce qui est en train de se produire non seulement au Libéria, mais aussi au Soudan, en Somalie et dans une dizaine d'autres pays ? « Ces *pirates* n'ont aucun intérêt à ce que l'ordre soit restauré ; ils ont plutôt intérêt à ce que le désordre se pérennise, s'étende [14]. »

## La vraie question

La crise de la dette a paru, un moment, prendre au dépourvu les décideurs politiques et économiques des pays industrialisés. Pourtant, il est difficile d'imaginer qu'elle soit survenue comme un simple contretemps au sein d'un système dirigé et contrôlé par les gestionnaires financiers les plus chevronnés de la planète. Quoi qu'il en soit, après cinq décennies de financement par l'endettement, les résultats obtenus devraient permettre une évaluation assez concluante. Le temps est venu de poser la vraie question : *à quoi sert la dette du Tiers Monde ? à qui profite-t-elle ?*

---

13. Le mot est du général Alain de Marolles, spécialiste de la géopolitique du Tiers Monde. Voir « Les Américains ne rembarquent pas », *in Valeurs actuelles*, 4 juin 1994.

14. *Ibid.*

Une première constatation s'impose : aucun facteur n'a influencé et n'influence encore plus fortement le mode de développement économique, social et politique des pays dits sous-développés que leur endettement extérieur.

Il est donc permis de se demander, avec de nombreux observateurs, si la dette n'est pas devenue un « outil de plus en plus sophistiqué pour structurer les économies du Tiers Monde conformément aux exigences du monde développé [15] ». Jaugés dans cette perspective, les quelques milliards de dollars de créances douteuses ou effacées constituent « un prix, somme toute, modeste à payer pour [assurer] la consolidation d'un ordre international libéral », bien hiérarchisé, à l'échelle de toute la planète [16].

Sous cet angle réaliste, la dette des pays sous-développés n'est pas non plus un déraillement accidentel de l'industrie de l'aide internationale. Elle fait, au contraire, partie du bon fonctionnement de la machine qui continue de filer à toute allure. Elle a, au-delà des considérations purement financières, une fonction politique et sociale qui consiste à imbriquer le Tiers Monde dans l'ordre économique mondial.

Faut-il alors voir dans l'endettement du Tiers Monde un complot ourdi entre les chefs d'États, les banquiers et les bureaucrates des institutions financières internationales ? Non pas. Pourquoi comploter quand on partage la même vision, les mêmes pratiques ? Les États qui pratiquent l'aide au développement répondent d'abord et avant tout aux intérêts économiques et commerciaux de leurs

---

15. Philippe Norel, « La dette du Tiers-Monde », *in La dette des pays du Tiers-Monde,* Montréal, Inter-Monde/AQOCI, vol. IV, n° 5, mars 1989, p. 5.

16. Henri Rouillé d'Orfeuil, *Le Tiers Monde,* Paris, La Découverte, 1989, p. 114.

mandants. Paraphrasant un vieil adage, on pourrait énon-
cer l'axiome suivant : l'État n'a pas de sentiment, il n'a
que des intérêts. Écoutons un critique autorisé, le Vérificateur général du Canada. Dans son rapport de mars 1994,
il écrit en toutes lettres :

> Il est difficile pour l'ACDI de chercher à faire passer la pau-
> vreté en premier et à encourager l'autonomie quand, au même
> moment, elle poursuit des objectifs commerciaux et politi-
> ques qui ne permettent pas toujours de s'attaquer directe-
> ment à la pauvreté et qui favorisent la dépendance extérieure.

Combien d'entreprises canadiennes sont redevables à
l'ACDI et à la Banque mondiale de leur survie ? Les multinationales n'en profitent pas moins. Le Vérificateur général
cite le cas de la compagnie Bombardier qui a fait des affaires
d'or au Pakistan au cours des années 1980, grâce à des
projets gigantesques de transport ferroviaire financés par
l'ACDI.

Dans une allocution prononcée devant les étudiants
de l'Université Laval, l'Honorable Monique Landry, alors
ministre des Relations extérieures et du Développement
international du Canada, s'est exprimée on ne peut plus
clairement sur le sujet :

> Les programmes d'aide au développement ont aidé nos en-
> treprises à faire une percée sur des marchés qu'elles connais-
> saient très mal. Dans le cas du Canada, cela a été particuliè-
> rement évident dans le domaine des services professionnels.
> Pour bon nombre de nos sociétés d'experts-conseils et
> d'ingénierie, dont la compétence est maintenant reconnue à
> travers le monde, l'expérience internationale acquise dans le
> cadre de projets d'aide au développement a été un facteur
> décisif de croissance. *Nos propres intérêts économiques* sont

donc devenus un argument supplémentaire militant en faveur de l'aide au développement [17].

Peu de temps après la création de l'agence de développement international des États-Unis (USAID), en décembre 1961, le président Kennedy se présenta devant l'*Economic Club* de New York pour expliquer la position de son gouvernement :

> L'aide étrangère est une méthode par laquelle les États-Unis maintiennent une position d'influence et de contrôle sur le monde entier et soutiennent un grand nombre de pays qui s'écrouleraient définitivement, ou bien passeraient au bloc communiste [18].

En peu de mots, le président des États-Unis, qui par son « idéalisme » a imprimé à la croisade du développement une forte impulsion morale, répond de façon pragmatique à la question : *à quoi sert l'aide étrangère* ? Il dit, et c'est vrai, qu'elle sert les intérêts économiques, politiques et militaires des puissances « donatrices ». Elle permet d'écouler leurs surplus agricoles vers les pays sous-développés. Elle sert à ouvrir les voies du commerce. Elle sert de cheval de Troie pour l'introduction de technologies déterminées. Elle sert à financer des infrastructures pour l'affluence de capitaux privés. Elle sert surtout à minimiser l'importance de l'épargne intérieure en créant, chez les bénéficiaires, une terrible dépendance envers les capitaux extérieurs faciles à obtenir... et à dilapider.

Mais d'abord et avant tout, l'aide étrangère sert à amorcer la pompe de l'endettement durable.

---

17. « Notes pour une allocution », Bureau de la Ministre, 29 novembre 1989.

18. Cité par Bernard Bernier et Rodolphe de Konink, « Critique de la théorie libérale du développement », *in Revue canadienne de sociologie et anthropologie,* vol. II, n° 2, 1974, p.151.

# Chapitre 4

# Les piliers du système

Il s'agit maintenant de s'interroger sur la structure économique mondiale qui a permis et encouragé le financement du développement par l'endettement. Où logent-ils, ceux qui ont présidé à la mise en place des mécanismes visant à la perpétuation du système, jusqu'à ce que la dette devienne, en 1994, irremboursable et donc éternelle ? Quelles sont ces institutions qui ont converti les relations entre les pays industrialisés et le Tiers Monde en un rapport créanciers/débiteurs où toutes les grandes décisions, toutes les politiques sont traversées, en dernier ressort, par cette lancinante réalité : le service de la dette ? Ces questions sont fondamentales, car le fait est que la dette est apparue et s'est accrue de façon irrationnelle en termes de gestion bancaire et cela, sous la haute surveillance, sous la dictée même, d'institutions respectées et bien outillées qui se sont vu attribuer le rôle de « piliers » du système monétaire et financier international.

## Le tournant de Bretton Woods

Rappelons que dès le début des années 1940, alors même que les canons de la guerre tonnaient en Europe, les Alliés — essentiellement les États-Unis et la Grande-Bretagne — s'étaient mis à réfléchir sur un nouvel ordre économique mondial englobant à la fois le contrôle des monnaies, la circulation des capitaux et les échanges commerciaux. Il s'avérait impérieux de corriger les déséquilibres qui avaient conduit, au cours des années 1920, à la crise du système monétaire, à l'effondrement des marchés financiers et au développement conflictuel des relations commerciales entre les nations. À travers ce diagnostic incontestable perçait déjà un grand dessein géopolitique de réalignement.

Les États-Unis, sortis indemnes et surcapitalisés du conflit, prirent la tête de cette réflexion. En juillet 1944, ils convoquèrent à Bretton Woods, une bourgade thermale du New Hampshire, une réunion des pays alliés, dont l'URSS [1], dans le but de redéfinir les règles du jeu monétaire et commercial de l'après-guerre. Les meilleurs théoriciens de l'économie capitaliste y participaient. Parmi eux, le célèbre économiste britannique John Maynard Keynes et le maître à penser du Trésor américain, Harry White. Le plan Keynes comportait la création d'une monnaie internationale nommée *bancor*. Il fut rejeté par les États-Unis qui se trouvaient en position de force pour faire prévaloir leur point de vue. Ceux-ci contrôlaient alors plus de la moitié de la production industrielle mondiale et 80 %

---

1. L'URSS choisit finalement de ne pas adhérer aux institutions de Bretton Woods. Les pays de l'Europe de l'Est la suivront dans cette voie. Au début des années 1990, ils demandront un à un d'adhérer à la Banque mondiale ou au FMI.

des réserves d'or. Leur plan s'imposa. Le dollar, reconnu comme monnaie internationale, fut proclamé *as good as gold*. En clair, la Conférence se voyait invitée à entériner le transfert à Washington du centre mondial de l'économie qui avait ses assises à Londres depuis plus de deux siècles. Du coup, la Banque centrale américaine (*Federal Reserve Board*) devenait émettrice de monnaie mondiale.

Une doctrine inflexible sous-tendait toutes les discussions : celle du libre-échangisme. Les États-Unis avaient résolu de fonder le nouvel ordre économique sur le principe universel du libre-échange et de la libre concurrence. Ce principe donnait la priorité absolue au marché comme mécanisme d'assignation des ressources et de distribution de la richesse. Le pouvoir ayant parlé, les économistes et autres spécialistes du discours emboîteront facilement le pas dans la célébration des vertus du marché.

De Bretton Woods surgiront les trois « piliers », comme on les nommait alors, du nouvel édifice de l'économie mondiale : le *Fonds monétaire international* (FMI), la *Banque internationale pour la reconstruction et le développement* ou *Banque mondiale* et, en 1947, l'*Accord général sur les tarifs douaniers et le commerce*, mieux connu d'après son sigle anglais GATT (*General Agreement on Tariffs and Trade*).

## Le Fonds monétaire international

Le FMI fut chargé d'instaurer un ordre monétaire international fondé sur la stabilité des monnaies. Toutes les monnaies furent déclarées échangeables à taux fixes contre le dollar, lui-même échangeable contre une quantité fixe d'or. Il appartenait au Fonds, de concert avec les banques centrales, de garantir cette stabilité. Son rôle spécifique était de défendre la parité des monnaies contre les pressions du marché en fournissant un appui, surtout par des prêts à court et à moyen termes, aux économies frappées d'un déficit courant ou d'une instabilité financière temporaire.

En août 1971, les États-Unis suspendent la convertibilité du dollar, c'est-à-dire la possibilité de l'échanger contre de l'or à un taux fixe. Le FMI perd *ipso facto* sa principale raison d'être, car l'élimination des taux fixes, remplacés par le flottement généralisé des monnaies, rend son rôle insignifiant dans la conduite des affaires monétaires. Plutôt que de disparaître, le FMI se trouve une nouvelle vocation : la restructuration des économies des pays sous-développés dont le niveau d'endettement commence à inquiéter.

Aujourd'hui, le FMI a le vent dans les voiles. Presque tous les pays — 179 — en sont membres. Il compte 1800 employés à son siège social, non loin du Capitole à Washington, pour mener à bien ses politiques. Il s'est vu confirmé dans son rôle de « pilier central » du système monétaire international lorsque, au début des années 1990, il exigea de ses membres une augmentation substantielle des quotes-parts afin de pouvoir intervenir davantage dans le refinancement des pays les plus endettés. Le G 7 acquiesça, portant à 200 milliards de dollars le capital social du Fonds. Ce faisant, les pays industrialisés ont reconnu le rôle du FMI comme pilier du système de l'endettement. Percevant l'absurdité du processus, certains économistes, parmi les plus sérieux, ont suggéré que le FMI « renonce à être le pilier, par nature jamais assez puissant, d'une montagne de dettes [2] ». Mais il ne le fera pas. On n'a jamais

---

2. Paul Fabra, « FMI : la dangereuse métaphore du pilier », *in Le Monde,* 15 mai 1990.

vu une bureaucratie grassement payée et bien entretenue se saborder ou même se réformer de sa propre initiative.

Les orientations du FMI sont contrôlées par les pays membres dont le droit de vote est proportionnel à la quote-part de chacun. Celle-ci est déterminée par la taille (PIB) de l'économie de chaque pays. Ainsi, le groupe de l'OCDE détient environ 60 % des droits de vote, les pays du G 7, 45 %, et les États-Unis à eux seuls, 18 %. L'influence des pays du Tiers Monde sur les décisions est donc négligeable.

## La Banque mondiale

La mission de la Banque mondiale comprenait initialement, comme son nom officiel l'indique — Banque internationale pour la reconstruction et le développement —, deux volets : la reconstruction des pays européens dévastés par la guerre et le financement du développement. Elle commence à prêter en 1946, se consacrant d'abord à la reconstruction de l'Europe. Mais les États-Unis lui coupent l'herbe sous le pied en lançant, en 1948, le plan Marshall, un programme de quelques milliards de dollars qui leur permettra de mettre solidement le pied dans la porte du marché européen.

Voyant, dès le départ, son rôle premier sensiblement réduit, la Banque rajuste le tir et concentre ses activités sur le monde sous-développé. Dès 1948, elle ouvre ses coffres aux pays latino-américains, en commençant par le Chili, le Mexique et le Brésil. Ses objectifs n'ont cessé d'évoluer en ce sens. Les médias lui attribuent souvent un rôle d'aide, alors qu'elle-même ne se reconnaît objectivement d'autre finalité que de financer le développement en prêtant de l'argent avec un maximum de profit, selon l'évolution de la conjoncture. Depuis dix ans, elle enregistre régulièrement des bénéfices, accumulant ainsi des réserves de plus de 16 milliards de dollars.

Quoi qu'il en soit, cette « aide » se traduit uniquement par des prêts, bonifiés ou non, suivant les capacités de remboursement du client et moyennant certaines conditions dont, au premier chef, la libéralisation des échanges et des prix. Comme l'explique un spécialiste de l'aide internationale, « la Banque est dans le *business* du prêt d'argent pour le développement. Si elle cesse de prêter, elle cesse de jouer un rôle. Réciproquement, plus elle prête, plus son rôle devient important. Cela crée une pression à l'intérieur de la Banque pour prêter gros et vite [3] ». Ces dernières années, la cadence des prêts, au lieu de diminuer en raison du surendettement de nombreux pays, tend à s'accélérer. Depuis 1991, le total des prêts consentis annuellement oscille entre 20 et 24 milliards de dollars. Environ 25 % de ces prêts vont aux PMA, c'est-à-dire, aux 43 pays les plus pauvres du monde [4].

La Banque mondiale compte deux filiales : la Société financière internationale (SFI) et l'Association internationale pour le développement (AID).

La SFI, créée en 1956, a pour objectif d'inciter les détenteurs de capitaux locaux et étrangers à investir dans des entreprises privées des pays sous-développés.

L'AID, instituée en 1960, se spécialise dans l'octroi de prêts à long terme, à des taux très bonifiés dans le but d'aider les emprunteurs insolvables à rembourser leurs dettes envers... la Banque mondiale et les autres institutions

---

3. Graham Hancock, *Les Nababs de la pauvreté, Le business multimilliardaire de l'aide au Tiers-monde,* Paris, Robert Laffont Paris, 1991, p. 230.

4. Chiffres rapportés dans *Jeune Afrique économie,* n° 183, septembre 1994, p. 101.

financières internationales. Car la BIRD elle-même ne tolère aucun retard dans le remboursement des créances et n'autorise jamais ses clients à rééchelonner leurs dettes. Cette apparente contradiction vise à maintenir le principe en vigueur dans le monde sérieux de la finance, à savoir qu'une dette une fois contractée constitue un engagement sacré auquel aucun individu ni surtout aucun gouvernement ne saurait se soustraire. Déroger à ce principe serait encourager les mauvais emprunteurs. (Des esprits mal tournés ont suggéré, qu'en toute logique, les pays surendettés devraient refuser de rembourser leurs dettes afin de décourager les mauvais prêteurs qui ont octroyé des crédits dans des conditions aussi laxistes.)

La plus imposante des institutions financières internationales (IFI) est sans conteste la Banque mondiale, avec ses 154 membres, ses 7 100 employés et ses 15 édifices — 335 000 m$^2$ — à Washington où se trouve son siège social. Elle possède de plus des bureaux dans 65 pays. La Banque s'est dotée d'une direction pléthorique : un président, 18 vice-présidents, 4 directeurs généraux et une soixantaine de directeurs de département. Ces décideurs sont parmi les mieux traités au monde avec des salaires qui dépassent toujours les six chiffres et des indemnités de toutes sortes. Les femmes sont pratiquement absentes de ce club très machiste de banquiers improvisés ; on peut facilement les compter sur les doigts d'une main et il faut les chercher dans les postes de direction les moins importants. Une femme arrive parfois à occuper une des 18 vice-présidences.

Les *banques régionales de développement* — la Banque interaméricaine de développement (1959), la Banque africaine de développement (1964) et la Banque asiatique de développement (1966) — secondent la Banque mondiale dans sa mission, en suivant fidèlement ses politiques.

Le Canada contribue pour environ 225 millions de dollars, annuellement, à la Banque mondiale. Pour chaque dollar investi dans la Banque, il retire 1,08 $ en contrats, ce qui constitue un rendement intéressant. L'apport du Canada à l'ensemble des IFI se chiffre à près d'un milliard de dollars par an.

## Le GATT

La naissance du GATT s'avéra plus laborieuse, car les États-Unis voulaient voir consolider, dans ce troisième pilier, « le principe de la liberté absolue dans les échanges internationaux ». Le projet original, élaboré par les Nations Unies et signé à La Havane le 24 mars 1948, contredisait cette orientation en préconisant l'introduction d'un principe de droit, à savoir « l'obligation de tenir compte de la réalité de l'inégalité de développement des États [5] ». Ce texte aurait consacré un critère de « discrimination positive » en faveur des plus faibles, si contraire à la philosophie de « non-passe-droits » des États-Unis qui consiste à mettre sur un pied d'égalité, en libre concurrence, la multinationale Del Monte de Californie et un *ejido* [6] du Chiapas.

Le Congrès américain fit donc avorter la *Charte de la Havane* qui créait l'Organisation du commerce international (OCI) pour approuver plutôt l'*Accord général sur*

---

5. Ismaël Camara, *Comprendre le GATT,* Sainte-Foy, Le Griffon d'Argile, 1990, pp. 3-4. Voir aussi le dossier spécial « Du GATT et des hommes » de *Géopolitique,* n° 41, printemps 1993.

6. Système de production agricole communautaire dans la tradition des Amérindiens du Mexique.

*les tarifs douaniers et le commerce* — le GATT — qui n'a toujours été qu'un protocole provisoire.

Le GATT s'employa à la tâche de libéraliser le commerce à l'échelle de la planète. Il y est parvenu, du moins théoriquement, le 15 avril 1994 par la signature à Marrakech d'un accord auquel les pays du Tiers Monde ont acquiescé bien qu'ayant été tenus à l'écart de ce grand marchandage entre les États-Unis et l'Europe. Stoïquement, le représentant de l'île Maurice à Marrakech aurait déclaré en fin de session : « Nous avons tout perdu, mais nous mettrons la tête sur le billot avec dignité[7] ».

L'Organisation mondiale du commerce (OMC) qui, selon les décisions de Marrakech, va remplacer le GATT le premier janvier 1995, ne correspond nullement dans son orientation au projet de La Havane. La mission de l'OMC consiste simplement à faire appliquer tous les accords issus des négociations successives du GATT. Sa Charte ne comporte aucune clause sociale, écologique ou culturelle pouvant contribuer à un rééquilibrage équitable des échanges entre les pays industrialisés et les pays économiquement faibles. La Conférence de Marrakech recommande seulement la mise sur pied d'un comité de l'environnement qui fera rapport, dans deux ans, à l'assemblée des Ministres.

La déroute commerciale du Tiers Monde est plus flagrante encore si l'on considère que les pays les plus forts ne respectent les principes du libre-échange que lorsque ce système les avantage. Dans le secteur des textiles et du vêtement, par exemple, où les pays sous-développés disposent d'un « avantage comparatif », les pays industrialisés

---

7. Cité par Philippe Leymarie, « La Banque mondiale en Afrique. Moins d'État pour une "bonne politique" », *in Le Monde diplomatique,* septembre 1994.

## LE CAS DE LA SOMALIE :
### COMMENT ON FABRIQUE UNE FAMINE

« LA SOMALIE, où les pasteurs constituaient autrefois 50 % de la population, avait une économie fondée sur l'échange entre éleveurs nomades et petits agriculteurs. En dépit des sécheresses, elle demeura presque autosuffisante en produits alimentaires durant les années 1960 et 1970. Au cours de la décennie 1970, des programmes de transfert de populations permirent le développement d'un important secteur commercial dans le domaine de l'élevage : jusqu'en 1983, le bétail a représenté 80 % des recettes d'exportation du pays.

Au début des années 1980, le Fonds monétaire international et la Banque mondiale imposèrent au gouvernement un programme de réformes qui mit en péril le fragile équilibre entre les secteurs nomade et sédentaire. L'une des fonctions de ce plan d'austérité était de dégager les fonds destinés à rembourser la dette contractée par Mogadiscio [la capitale] auprès des membres du Club de Paris et, surtout, auprès du... FMI lui-même.[...]

En 1989, le service de la dette représentait 194,6 % des recettes d'exportation. Cette année-là, le prêt du FMI fut annulé pour cause d'arriérés, et la Banque mondiale gela pendant plusieurs mois un prêt d'ajustement structurel de 70 millions de dollars : les résultats économiques de la Somalie étaient trop mauvais. La renégociation de la dette ainsi que toute nouvelle avance étaient conditionnées au paiement des arriérés ! Ainsi le pays était tenu prisonnier de la camisole de force de l'ajustement structurel pour le contraindre à assurer le service de la dette. On connaît la suite : l'effondrement de l'État, la guerre civile, la famine et, finalement, « Rendre l'espoir ».

**Michel Chossudovsky,** *in Manière de voir,*
*n° 21, Le désordre des nations,* Éd. Le Monde diplomatique,
février 1994

maintiennent des barrières tarifaires élevées. Une étude de la CNUCED réalisée en 1992 révèle que dans ces deux domaines « les pays industrialisés, contrevenant aux principes du libre-échange, font perdre aux pays en développement une somme estimée à 50 milliards de dollars par an, soit un montant presque égal au flux total de l'aide étrangère [8] ». Au total, l'échange inégal coûte actuellement aux pays sous-développés environ 500 milliards de dollars par an.

## L'ajustement structurel

Au fil des ans, et au gré de la conjoncture, le FMI et la Banque mondiale ont renforcé et affiné leur moyens d'intervention dans le Tiers Monde. Après le choc pétrolier de 1973, le Fonds a considéré qu'il était désormais de son ressort « d'agir sur la base productive des économies du Tiers Monde en restructurant complètement des pans entiers de celles-ci [9] ». Concrètement, le FMI, appuyé par la Banque, s'est mis à exiger des États qui désiraient obtenir de nouveaux crédits qu'ils se spécialisent encore davantage dans des produits exportables : matières premières agricoles et minières. Le Fonds persuada ainsi la Somalie d'abandonner son agriculture traditionnelle quasi autosuffisante pour se livrer plutôt à des cultures d'exportation comme le coton. Selon les calculs économétriques des experts internationaux, ce pays devait gagner considérablement en exportant son coton pour acheter à l'étranger de quoi nourrir sa population. Cette politique accula peu à peu la

8. PNUD, *op.cit.,* p. 70.

9. Philippe Norel et Éric Saint-Alary, *L'endettement du Tiers-monde,* Paris, Syros/Alternative, 1992, p. 85.

Somalie à la famine, aux humiliations de l'aide alimentaire et à la guerre.

Au moment de la crise de la dette, en 1982, les deux institutions sœurs, faisant œuvre de syndic de faillite pour le compte des banques commerciales et des gouvernements créanciers, se trouvèrent dans une position idéale pour intervenir efficacement sur les structures économiques des pays sous-développés. Car la plupart de ceux-ci, du plus petit au plus grand, de la Gambie à l'Inde, frisaient l'insolvabilité ou faisaient face à de graves problèmes de remboursement. Pour s'en sortir, tous avaient besoin de crédits supplémentaires. Ils ne les obtinrent qu'en obtempérant aux exigences du FMI.

Ces exigences prirent le nom de Programmes d'ajustement structurel (PAS). Il s'agit, en fait, d'un vaste plan de réformes économiques comprenant deux phases, celle de la stabilisation monétaire et budgétaire et celle de la réforme des structures [10].

La poursuite de ces réformes est devenue la tâche principale des institutions de Bretton Woods, investies désormais par la communauté financière internationale d'une mission de tutelle des pays sous-développés. « De banque de développement qu'elle était, la Banque mondiale a progressivement transformé ses structures et ses instruments pour devenir de plus en plus une banque d'ajustement [11]. » C'est-à-dire une banque d'intervention sur les structures économiques et sociales des pays sous-développés. Les deux institutions, la Banque et le Fonds, s'appuient d'ailleurs sur des documents communs, con-

---

10. Voir l'excellent dossier sur le sujet dans *Le Courrier ACP-CEE*, n° 111, septembre-octobre 1988, pp. 52 et ss.

11. *Ibid.*

coctés à Washington et négociés en secret avec les gouvernements concernés. Ces protocoles « confidentiels » appelés *Policy Framework Papers* tiennent lieu de politiques économiques et sociales pour une réforme en profondeur des structures.

Conçus et négociés sous l'égide du FMI, les Programmes d'ajustement structurel sont appliqués grâce aux prêts d'ajustement sectoriel consentis par la Banque. Ces prêts, introduits en 1980, sont destinés principalement à soutenir les changements de politique dans un secteur donné. À certains égards, ils sont très flexibles. Les gouvernements peuvent utiliser à leur guise une partie de l'argent reçu, pourvu que les changements voulus — libéralisation des prix, dévaluation de la monnaie, suppression du salaire minimum, et le reste — soient dûment effectués. Ainsi, la Banque mondiale joue un rôle central dans les prises de décisions gouvernementales et contribue à l'enrichissement rapide des politiciens dociles.

La philosophie qui sous-tend la politique de l'ajustement structurel part d'un constat indiscutable : les économies du Tiers Monde ne sont pas adaptées à l'économie mondiale telle qu'elle est aujourd'hui. Comme il est impensable que l'économie mondiale s'ajuste aux structures économiques des pays sous-développés, il faut procéder à l'inverse : ajuster, bon gré mal gré, ces structures dépassées au système économique international. Selon les experts du FMI, l'ajustement conduit au développement, mais commence par le remboursement des dettes : *first things first*. Selon eux, tout se tient : pour être en mesure de rembourser leurs dettes, les pays du Tiers Monde doivent s'attaquer à la restructuration de leur économie, secteur par secteur. Les répercussions sont globales, on ne s'en cache pas :

## LA THÉRAPIE DU FMI S'ABAT SUR L'ALGÉRIE

L'ALGÉRIE a entamé hier, avec une forte dévaluation de sa monnaie, le dinar, la thérapie économique de choc recommandée par le Fonds monétaire international (FMI), dans un contexte social et politique tendu, marqué par les affrontements de plus en plus meurtriers avec les groupes armés islamistes.

La décision algérienne a été « saluée » par l'annonce, par le directeur général du FMI, Michel Camdessus, d'un soutien d'un milliard de dollars au programme de réformes algérien et un « feu vert » à la communauté internationale pour qu'elle se mobilise « dès maintenant » en faveur de ce pays. L'Algérie estime à 10 milliards de dollars ses besoins nets d'importation en 1994.

M. Camdessus a également appelé les créanciers de l'Algérie à envisager « dès maintenant » au sein du Club de Paris une restructuration de la dette extérieure algérienne, estimée à 26 milliards de dollars, afin d'en alléger le service, qui atteindra 9,4 milliards de dollars en 1994.

L'un des effets immédiats attendus de la dévaluation de 40,17 p. 100 du dinar, conjuguée à une nette augmentation du coût du crédit interne, est une flambée des prix des produits de grande consommation et une forte remontée du chômage par la compression des effectifs des entreprises publiques notamment. [...]

Plusieurs associations, estimant que les « remèdes » proposés ne sont pas adaptés à la situation sociale algérienne, menacent de se regrouper en un « front anti-FMI » pour s'y opposer.

**Hassen Zenati** de l'*Agence France-Presse,*
*in Le Devoir,* 11 avril 1994

La réforme d'un secteur important de l'économie — et particulièrement en Afrique, celle du secteur agricole — a nécessairement des implications directes sur la structure des prix, sur le budget et sur les échanges extérieurs et donc un impact sur les grands équilibres macro-économiques [12].

Les exigences du FMI et de la Banque, généralement formulées dans un langage alambiqué, peuvent se résumer en deux traits : exporter plus, dépenser moins. Concrètement, les pays signataires des PAS s'engagent à appliquer la série de mesures suivantes :

— *suppression des barrières douanières* afin d'éliminer les productions non rentables en raison de la concurrence internationale ; ainsi, si les paysans d'Égypte ne peuvent produire des céréales à un coût moindre que les fermiers de l'Ouest canadien, ils devront fermer boutique et gagner les bidonvilles du Caire, quitte à tomber sous le régime de l'aide alimentaire ;

— *incitation à l'exportation* dans le but d'obtenir les devises nécessaires à l'acquittement de la dette et à l'équilibre budgétaire ; réorientation donc de l'économie vers la modernisation des produits exportables, comme le café, le cacao, les bananes, le sucre, les arachides ; cette restructuration entraîne souvent de nouveaux investissements pour lesquels la Banque dégage volontiers des crédits, quitte à alourdir encore le service de la dette ;

— *libéralisation tous azimuts* des prix (agricoles en particulier), des salaires, des taux d'intérêt, des taux de change et des législations, (surtout celles concernant les investissements étrangers et le transfert des profits) ;

---

12. *Ibid.*

### Faillite d'un pays modèle : la Côte d'Ivoire

La Côte d'Ivoire, « pays modèle » aux yeux de la Banque Mondiale et du FMI, est un cas d'école pour étudier l'impact durable de la politique du FMI.

Un accord fut signé avec le FMI en 1981 et régulièrement prolongé depuis avec la Banque mondiale ; quatre prêts d'ajustement structurel ont été conclus en 1981, 1983, 1986 et 1991.

Selon les critères mêmes du FMI et de la BM, l'état des lieux actuel est édifiant. À la fin 1990, le total de la dette extérieure de la Côte d'Ivoire s'élevait à 16,5 milliards de dollars, presque le triple de ce qu'elle était en 1980. Le service de cette dette, la plus élevée « per capita » de toute l'Afrique, représentait 63,8 % des revenus d'exportations, les paiements effectifs s'élevant à 29,5 %.

De 1980 à 1989, le produit national brut (PNB) par habitant — si la précision des statistiques est discutable, généralement les estimations sur ce point sont faussées à la hausse — a diminué tous les ans, à l'exception de 1985. La chute est de près de 20 % pour la période de 1987 à 1989. Les investissements, qui s'élevaient à 18 % du PNB en 1980, n'en représentaient plus que 6 % en 1987. La production industrielle progressa de 11,7 % par an entre 1973 et 1980 ; elle a diminué de 2,4 % entre 1980 et 1987. [...]

En aucune façon, les conditions minimales d'un redémarrage ne sont en voie de réalisation : elles ne font pas partie des objectifs monétaristes du FMI.

*Inprécor,*
n° 346, 14-27 février 1992, pp. 33-35.

— *privatisation,* car l'économie doit être organisée par la « main invisible » du marché et non par les politiciens et les fonctionnaires ;

— *compression des dépenses publiques,* ce qui revient à inciter les gouvernements à rogner dans les seuls postes compressibles : l'éducation, la santé et le logement.

## Sur le dos des femmes

Les conséquences de ces politiques se sont avérées désastreuses pour les populations, notamment dans les PMA, mais aussi dans les pays aux économies apparemment moins fragiles comme le Venezuela, le Mexique et le Brésil où des émeutes et même des rébellions ont éclaté en guise de protestation contre les mesures dictées par le FMI. Les experts internationaux admettent que les performances immédiates sont décevantes. Ce n'est pas que la théorie soit mauvaise, expliquent-ils, c'est qu'elle n'est pas appliquée avec assez de rigueur.

Les Programmes d'ajustement structurel, en imposant à des pays pauvres les normes de production et de consommation du capitalisme avancé, ont pour effet de creuser davantage le fossé entre les classes riches reliées aux secteurs de l'import-export et les couches populaires obligées de céder du terrain — pertes de pouvoir d'achat, baisses salariales, exode rural, etc. — devant les lois impitoyables de la concurrence et du service de la dette.

À la base de cette chaîne de travail télécommandée de l'extérieur, on retrouve les femmes. Ce sont elles qui absorbent les contrecoups des politiques antisociales, voire antiéconomiques, des grandes institutions prêteuses. Selon certaines estimations, elles assurent 75 % des travaux de survivance [13]. Leur situation s'est empirée du fait de l'immigration masculine vers les plantations. Les priorités industrielles du développement, qui touchent surtout les hommes, aggravent encore leur sort car elles doivent continuer à assumer les tâches domestiques, les soins de santé, l'éducation des enfants. La directrice du secteur Afrique à l'UNESCO, Annar Cassam, proteste contre le scandale de l'exploitation redoublée des femmes dans un Tiers Monde ajusté aux visées du FMI :

> « Économies tournées vers l'exportation », « cultures de rente » : mais qu'y a-t-il derrière ces expressions chères à la Banque mondiale et au FMI ? Des femmes, bêtes de somme sous-payées, journalières mal logées, mal nourries, travaillant sur des plantations de thé ou de café possédées par des étrangers. Le décalage est énorme, dans les cultures de rente, entre le travail fourni par les femmes et les salaires qu'elles perçoivent. Pourtant, c'est avec leur sueur que se gagnent les devises confortant les économies nationales et les superprofits des multinationales [14].

L'agronome tunisienne Aïcha ben Yannés constate, elle aussi, comment les politiques d'ajustement structurel signifient un labeur accru pour les femmes de son pays :

> L'ouverture de l'agriculture tunisienne sur les marchés internationaux a impliqué la diversification des cultures. Les

---

13. Voir « Closing the Gender Gap in Development », *in The State of the World 1993, A Worldwatch Institute Report Toward a Sustainable Society,* New York, Londres, W.N. Norton Company, 1993, p. 76.

14. Annar Cassam, « Les femmes, inépuisable source de richesses... », *in Le Monde diplomatique,* mai 1993. Voir aussi : Catherine Coquery-Vidrovitch, *Les Africaines, Histoire des femmes d'Afrique noire du XIX$^e$ siècle au XX$^e$ siècle,* Paris, Desjonquières, 1994.

femmes se sont donc retrouvées avec de nouvelles tâches, souvent lourdes et pénibles. Par ailleurs, les chefs de famille craignent les mauvaises récoltes et les fluctuations des cours des produits agricoles. Beaucoup ont donc décidé d'aller chercher un métier qui leur assure un salaire fixe. Ainsi, la femme devient la première force de travail dans le monde rural [15].

Malgré tous ces bilans désastreux, les institutions financières internationales demeurent imperturbables. Leurs politiques constituent toujours un pas dans la bonne direction, c'est-à-dire un moyen pour atteindre l'objectif central : la subordination des économies du Tiers Monde à l'économie mondiale.

---

15. Citée par Taoufik ben Brik, « Les femmes rurales à la peine », *in Jeune Afrique économie,* n° 183, septembre 1994.

CHAPITRE 5

# L'aidocratie

LE MODÈLE de développement fondé sur l'« aide » et, en dernière analyse, sur l'endettement s'est montré impuissant à sortir un seul pays de la dépendance économique et financière. Pourtant, il est apparu comme une source fabuleuse d'enrichissement pour certaines élites du Tiers Monde, au point de donner naissance à une nouvelle forme de pouvoir et à une classe socio-politique qu'il faut bien qualifier d'*aidocratie*. C'est ce paradoxe que nous nous proposons maintenant d'examiner de plus près. Comment ces élites se sont-elles articulées sur le système de développement par l'endettement ? Quelles sont les conséquences de ce système sur les structures sociales et sur l'avenir politique des pays sous-développés ?

## Tout par l'État

Dès le début de la croisade du développement, l'aide internationale s'organise autour de l'État. Rien de plus naturel, car les bailleurs de fonds, extrêmement généreux en prêts et en lignes de crédit, exigent des garanties à toute épreuve que seul l'État peut offrir. Celui-ci se voit donc assigner et assume volontiers le rôle d'intermédiaire incontournable dans la distribution des ressources externes. C'est ainsi que naît l'État développeur et que l'appareil étatique se trouve en position d'occuper progressivement une grande partie du champ normalement réservé, dans un contexte libéral, au secteur privé. Une contradiction de plus qui n'étouffe pas les théoriciens du développement à crédit.

Il est vrai que les pays sous-développés, en raison de leur passé colonial, accusent déjà une faiblesse dans l'éclosion d'une bourgeoisie d'affaires. Mais en occupant tout le champ du développement, l'État met une entrave de plus à l'épanouissement naturel d'une classe d'entrepreneurs. Qu'elles soient d'inspiration capitaliste ou socialiste, toutes les stratégies de développement partagent un trait commun, celui de confier à l'État la responsabilité du développement. « C'est à l'État que devait revenir non seulement la gestion — le mot est faible —, mais l'initiative, la mise en œuvre, la direction du développement [1]. »

Les protagonistes de l'aide au développement appliquent cette politique, avec des variantes diverses, partout dans le Tiers Monde. En Amérique latine où le secteur privé a déjà quelque importance, on voit d'un bon œil la montée d'un certain autoritarisme étatique que l'on juge nécessaire à la mise en ordre de l'économie. Le *tout-par-l'État*, pourtant si opposé à l'esprit du libéralisme, n'a pas mauvaise presse.

Au contraire, dans la littérature « développementiste », le *tout-par-l'État* se trouve justifié *a posteriori* par des raisons pragmatiques :

---

1. Jean-François Médard, « L'État patrimonialisé », *in Politique africaine*, n° 39, septembre 1990, p. 25.

- *raison politique et diplomatique* : nécessité de respecter la souveraineté nationale dans les activités de coopération, le gouvernement *aidant* ne pouvant avoir comme interlocuteur que le gouvernement *aidé* ;

- *raison de garanties financières solides* : obligation de garantir par une caution suffisante, c'est-à-dire toutes les richesses de la nation, le remboursement des capitaux nécessaires au développement du pays ;

- *raison de rattrapage rapide* : urgence de rejoindre le niveau de production et de consommation des pays développés et donc, de passer, dans une optique proprement socialiste, par le raccourci de l'État ;

- *raison d'infrastructures jugées indispensables* : pertinence d'une participation étatique prépondérante dans la mise en place d'infrastructures devant servir de base à un développement massif et accéléré.

Au cours des années 1980, on assiste à un brusque changement de stratégie. Le FMI et la Banque mondiale découvrent soudain les méfaits de l'étatisme : prévarication, corruption, népotisme, gaspillage. Ils décident de corriger le tir en passant sans crier gare du *tout-par-l'État* au *presque-pas-d'État*. Mais le mal est fait. Le système a accouché d'une « bourgeoisie d'État » qui a retenu la leçon : c'est dans et par l'appareil étatique que vient l'enrichissement facile. Autre contradiction : les Programmes d'ajustement structurel exigent le désengagement de l'État en même temps qu'ils continuent de le tenir responsable du remboursement de la dette. L'État est consacré interlocuteur officiel des institutions financières internationales et endosseur universel des emprunts extérieurs de l'appareil gouvernemental comme aussi des entreprises publiques, parapubliques et même privées.

## Une aidocratie insatiable

Voilà comment le système de l'aide étrangère a engendré des bureaucraties étatiques démesurées et tentaculaires. Partout dans le Tiers Monde, il suffit de grimper dans les structures de l'État pour devenir millionnaire, voire milliardaire. Il suffit, même dans le pays le plus pauvre, d'occuper un poste dans l'appareil d'État ou mieux, dans un organisme international de développement pour s'assurer un revenu 100 ou 1000 fois supérieur à celui de la moyenne de ses concitoyens.

Les assises économiques de cette classe politique et sociale reposent essentiellement sur les flux financiers externes. Elle en vit et s'en nourrit en se payant des salaires, des commissions, des indemnités de déplacement ou, tout simplement, en détournant les fonds de l'aide au vu et au su des « donateurs ».

On a inventé, pour désigner cette classe sociale nouveau genre, le néologisme *kleptocratie*[2] qui connote un pouvoir fondé sur le vol et l'escroquerie. Je lui préfère le terme *aidocratie*, plus générique, plus large et plus neutre. Il englobe l'ensemble des politiciens, technocrates, fonctionnaires qui sont redevables du plus clair de leurs revenus et de leur statut socio-politique à l'aide extérieure. Le fonctionnaire qui touche sa paye de son ministère, mais à partir d'une enveloppe arrivée de Paris, n'est pas nécessairement un voleur. C'est un *aidocrate*. Les ingénieurs latino-américains qui travaillent à la construction

---

2. De *kleptomane* : voleur pathologique. Le terme *kleptocratie* est apparu pour la première fois dans la revue de la FAO, *Cérès*, qui publiait dans son numéro de septembre-octobre 1973 un article percutant intitulé : « Le bourbier de l'argent noir ».

d'un barrage pharaonique, au Guatémala [3], ne sont pas des kleptomanes. Ce sont des *aidocrates* qui gagnent très honorablement leur vie comme consultants de la Banque mondiale ou de la Banque interaméricaine de développement. Par ailleurs, des politiciens arrivés au sommet de l'appareil de l'État ne voient pas pourquoi ils se gêneraient pour accepter les commissions qui leur sont offertes par le lobby de l'aide au développement.

La naissance de cette classe sociale est souvent considérée par les donateurs comme un effet positif de l'aide institutionnalisée. Le même Rostow qui présida au cours des années 1950 et 1960 à la vulgarisation de l'idéologie de l'aide au développement dressera fièrement, 30 ans plus tard, le bilan suivant :

> L'existence de l'aide au développement institutionnalisée a élevé la stature de ces hommes et de ces femmes qui, dans les gouvernements des pays en développement, se sont engagés à fond dans le développement économique et social, au point de pouvoir plaider leur cause, celle de l'aide, en des termes conformes à tous les standards reconnus sur le plan international. [...]

> Ces personnes capables de négocier avec succès l'octroi de ces ressources [externes] sont devenues de véritables atouts (*national assets*) pour leur pays [4].

Autrement dit, l'aide internationale a servi et sert encore à former, dans le Tiers Monde, des élites cravatées capables

---

3. Référence au projet hydroélectrique de Chixoy estimé au départ à 340 millions de dollars. Il coûtera finalement un milliard au peuple guatémaltèque qui a vu sa facture d'électricité grimper de 100 % pour un service souvent pire qu'auparavant. Pour payer ce projet et d'autres semblables, l'État a dû rogner dans les dépenses sociales.

4. W. W. Rostow, *Eisenhower..., op. cit.*, p. 219.

d'aller chercher de l'argent à l'extérieur. Les hauts fonctionnaires ont vite pigé cette fonction manifeste de l'aide, remarque l'homme d'affaires libanais Georges Corm :

> On verra curieusement les chefs d'État et hauts responsables encourager une poignée d'individus ayant de bons contacts avec les grandes entreprises étrangères à devenir des intermédiaires officieux de l'État pour toutes les grandes adjudications. Ils ont vraisemblablement pensé, lorsque la corruption n'était pas directement leur objectif, que ces individus pouvaient être de bon conseil face aux sociétés étrangères. Immanquablement, les commissions étaient au rendez-vous, servant alors à alimenter les caisses noires des principaux dirigeants et de leurs services de sécurité, ou même celle du parti unique au pouvoir, ainsi que les charges de train de vie de chefs d'État que la seule rémunération inscrite au budget de l'État ne permettait pas d'assurer.

> Une fois l'exemple donné par le haut, il ne peut que se répercuter vers le bas des hiérarchies de la fonction publique [5].

## Quelques exemples non atypiques

Ferdinand Marcos, président des Philippines de 1965 à 1986, demeurera sans doute, avec son épouse Imelda et sa nombreuse clientèle, le champion toutes catégories de l'enrichissement par la coopération internationale. À sa mort, sa fortune était estimée à quelque 10 milliards de dollars et la dette de son pays à 30 milliards.

Le président Houphouët-Boigny de la Côte d'Ivoire a laissé derrière lui, quand il est décédé en décembre 1993, une famille très élargie de nouveaux riches. Multimilliardaire lui-même, il était, dit-on, la « sécurité sociale » des politiciens déchus de la région. Pour remercier le Ciel

---

5. Georges Corm, *Le nouveau désordre économique mondial,* Paris, La Découverte, 1993, p. 79.

de sa munificence à son égard, il a fait ériger à ses frais dans le désert, près de sa ville natale de Yamoussoukro, une cathédrale au coût de 200 millions de dollars. Catholique dévot, protégé de la France, élève modèle du FMI, le « Vieux », comme on l'appelait affectueusement, a su pendant ses 35 ans de règne utiliser à son maximum le système de l'aide pour s'enrichir lui-même et imposer à son pays un endettement écrasant : 223 % du PNB. Depuis 1980, le revenu des particuliers en Côte d'Ivoire a chuté de 50 %.

Le maréchal Mobutu, président du Zaïre depuis 1966, a accumulé durant sa présidence une fortune de cinq à huit milliards de dollars. Dans une entrevue accordée à *Jeune Afrique Magazine* en 1988, il avoue avoir placé dans « un compte de banque en Europe » une modeste somme de 60 millions de dollars. Devant l'étonnement du journaliste, il explique comment cela est tout à fait normal : « Est-ce une somme tellement exorbitante pour quelqu'un qui est depuis 22 ans le chef de l'État d'un si grand pays [6] ? »

En Haïti, le régime Duvalier, père et fils, n'a pu durer aussi longtemps — 1957-1986 — que grâce à l'aide internationale :

> Avec la détente jean-claudienne (1972 à 1986), le pays va redevenir le véritable champ de manœuvre de la coopération au développement [...] : publique ou privée, bilatérale ou multilatérale, laïque ou religieuse (et dans ce cas, de toutes les confessions possibles), l'aide internationale va s'abattre sur Haïti, de façon disproportionnée et anarchique, annulant toute possibilité d'évaluation de son montant global, ignorant toute planification nationale éventuellement désireuse d'articuler ses initiatives et assistant

---

6. *Jeune Afrique Magazine,* n° 47, avril 1988.

### LA FORTUNE COLOSSALE
### DU MARÉCHAL MOBUTU, PRÉSIDENT DU ZAÏRE

LA FORTUNE du président Mobutu s'élève, selon les estimations les plus récentes, à environ cinq milliards de dollars. Certains avancent même le chiffre de huit milliards. Il possède une douzaine de châteaux en France et en Belgique, des résidences somptueuses en Espagne, en Italie et en Suisse.

« Ajoutons à cela des immeubles en Côte d'Ivoire, des résidences de fonction dans les huit provinces du pays et un palais dans sa province d'origine. Nul ne connaît le montant de ses comptes dans les banques suisses ; il a l'usage exclusif de toute une série de bateaux, d'avions (dont un Boeing 747) et de Mercedes (au moins cinquante), lorsqu'il n'en est pas le propriétaire. Les plantations de la CELZA (troisième entreprise du pays par le personnel), qui produisent à elles seules un sixième des exportations agricoles du Zaïre, lui appartiennent également...[Il détient des] participations dans toutes les grandes sociétés étrangères installées dans le pays, dans les banques, et prélève une commission de 5 % sur toutes les ventes de minéraux, laquelle est reversée sur un compte à l'étranger. Trente pour cent du budget de l'État aboutit au bureau présidentiel pour y disparaître sans laisser de trace (Jim Chapin, "Zaïre : Mobutu's Kleptocracy Rules while the People Starve", *in Food Monitor,* été 1986, n° 37.). »

La dette zaïroise frise les 11 milliards de dollars. Est-il possible que les États créanciers, de même que le FMI et la Banque mondiale qui continuent de prêter au Zaïre, ne soient pas au courant de l'« inexplicable » enrichissement du président zaïrois et de la vaste clientèle qui le maintient au pouvoir ?

imperturbablement à l'échec monstrueux de la plupart de ses actions. On peut même soutenir que si le régime a duré si longtemps, il ne faut pas en chercher la raison ailleurs que dans cette avalanche d'aide internationale, qui n'eut de cesse jusqu'au moment où tous les mécanismes sociaux et économiques du pays s'en trouvèrent détériorés et pervertis [7].

Après le départ de Jean-Claude Duvalier en 1986, l'aide ne cesse point d'affluer. Le coup d'État de septembre 1991, qui chasse de l'île le président élu Jean-Bertrand Aristide, la ralentit quelque peu, mais ne l'arrête pas. Pendant les 3 années qu'a duré le régime du général Cédras, Haïti a donné au monde l'exemple parfait d'un « État pirate » où les usurpateurs et leur clientèle politique ont profité à la fois de l'aide étrangère et des puissants moyens que leur procurait le narcotrafic international. Les États-Unis, qui ont toléré — et peut-être encouragé ? — cette situation dans leur arrière-cour, s'en sont finalement inquiétés au point d'y envoyer leurs *marines* pour y rétablir la démocratie. L'avenir d'une démocratie si fortement étayée par l'aide extérieure ne peut que nous laisser perplexes...

## Les ressorts institutionnels de la corruption

La corruption et la forfaiture ont trop souvent été considérées comme des traits culturels, voire génétiques, des dirigeants du Tiers Monde. Un examen attentif du phénomène révèle au contraire qu'il s'inscrit dans la logique d'un système qu'ils adoptent volontiers, mais qu'ils n'ont pas inventé : l'industrie de l'aide extérieure. Georges Corm, déjà cité, remet les pendules à l'heure :

---

7. André-Marcel d'Ans, *Haïti, paysage et société,* Paris, Karthala, 1987, pp. 213-214.

On le voit, la corruption n'est pas une aberration économique, loin de là. Elle est au contraire, dans le cas du tiers
monde et des régimes socialistes, une réponse économique
rationnelle à un environnement socio-économique dénué de
logique et de règles économiques claires. En effet, dans ce
type d'environnement, la maximisation des revenus permettant d'augmenter les niveaux de consommation en biens et
services modernes ne peut se faire par une compétition
ouverte entre individus et entre firmes dans le cadre de normes claires et impersonnelles, comme le requiert tout environnement véritablement libéral [8].

Dans le système de l'endettement international, les
dirigeants et les fonctionnaires de l'État chargés de gérer
la dette occupent une position stratégique de médiation
entre l'intérieur et l'extérieur du pays, entre la société civile
et les bailleurs de fonds étrangers. Dans la plupart des
pays surendettés, ce rôle de médiation est vital pour la
survie de l'État et, par conséquent, selon la logique propre
aux gestionnaires de cette situation, de toute la nation.

Par ailleurs, les agents des appareils étatiques et paraétatiques — politiciens, fonctionnaires et technocrates —
doivent leur survie à la possibilité qu'ils ont de se brancher
sur les flux financiers et commerciaux d'une économie
extravertie fondée sur l'aide, le crédit, la coopération,
l'exportation de matières premières et l'importation de
produits de consommation. Ce sont là souvent leurs seules
sources de revenu. En certains cas extrêmes, mais non pas
rares, la paye des serviteurs de l'État est assurée directement
par Paris, Washington ou Londres.

Dans un tel système, institué par la « communauté
internationale » et cautionné par les plus prestigieuses
institutions financières, morales et religieuses du monde,

---

8. *Op. cit*, p. 80.

peut-on parler de corruption lorsque les politiciens et les hauts fonctionnaires prélèvent, en sus de leurs salaires réguliers, une commission dûment autorisée par les grands patrons du système de l'endettement ? Leur rôle d'intermédiaires les oblige du reste à adopter un style de vie conforme à celui de leurs interlocuteurs externes. Cela coûte cher.

À l'intérieur même des pays sous-développés, la pression sociale amène les bénéficiaires de l'aide à procéder à une redistribution des profits à leur famille, leur clientèle politique, leur village, leur tribu. Une sorte de péréquation. En fin de compte, le but de l'appareil de l'État n'est plus, à proprement parler, le développement de la nation, mais l'accumulation, par ses agents, d'un capital politique et économique personnel et familial.

Si les prélèvements de la classe dirigeante paraissent excessifs ou si la redistribution n'est pas minimalement adéquate, l'État n'arrive plus à se légitimer auprès de la société civile. Celle-ci aura tendance alors à fonctionner en marge de celui-là. Ainsi apparaît l'économie informelle dont la caractéristique principale est de s'organiser en dehors des circuits officiels et légaux, sans banques, sans diplômes, sans comptabilité, sans impôts ni taxes. C'est ce qui se produit de plus en plus dans de nombreux pays sous-développés, alors que les ressources provenant de la coopération internationale se font plus rares et que les prix des matières premières s'affaissent sans espoir de redressement.

## De l'argent prêté et reprêté

Selon la Commission trilatérale [9] et le FMI lui-même, les avoirs à l'étranger des dirigeants du Tiers Monde s'élèveraient à plus de 300 milliards de dollars, voire 400 milliards.

Les détournements de fonds n'auraient jamais atteint une telle ampleur sans l'acquiescement implicite ou explicite des institutions et des gouvernements aidants. Il faut préciser d'abord que les prêts ont été octroyés dans des conditions laxistes évidentes qui transgressent tous les critères de saine gestion en vigueur dans le monde de la finance. Ces pratiques se sont étendues sur une période assez longue — plusieurs décennies — pour permettre toutes les vérifications et corrections nécessaires. Des vérifications ont parfois été faites. Mais aucune correction.

*Jamais d'ailleurs, ni la Banque mondiale, ni le FMI, ni les autres institutions financières internationales n'ont posé comme condition à l'octroi de l'« aide » l'élimination de la corruption ou le respect des droits de la personne ni aucune réforme similaire.*

Les dollars détournés par les Mobutu, Marcos et Duvalier ne demeurent pas cachés sous leur matelas. Ils prennent la route de l'étranger. C'est ce que l'on appelle

---

9. Créée en 1973, à la veille du choc pétrolier, pour contrer la « stratégie anti-occidentale » de nombreux pays du Tiers Monde où apparaissaient des velléités de regroupement. Ses membres, environ 400, sont cooptés parmi les grandes personnalités des milieux militaire, politique, financier, syndical et journalistique, en provenance des trois pôles — d'où son nom — du monde développé : l'Amérique du Nord, l'Europe de l'Ouest et le Japon. En font partie, par exemple : Carter, Bush, Kissinger, Giscard d'Estaing, Barre, Fukuda, Nakasone. Les chefs d'État et de gouvernement en fonction n'y sont pas admis.

« la fuite des capitaux ». Les principaux pays d'accueil sont les États-Unis, la Suisse et l'Autriche. Cet argent, des milliards chaque année, ne dort pas non plus dans les banques de ces pays : il est reprêté. Il s'ajoute aux sommes prêtées aux pays sous-développés. Il s'agit d'un processus extrêmement pervers, mais légal :

> Si, par exemple, la Chase Manhattan a prêté un million de dollars à l'État mexicain et que tel ministre en détourne la moitié à son profit, 500 000 dollars ne quitteront même pas la Banque et seront déposés sur un compte au nom d'un homme de paille. Ce compte étant rémunéré au taux du marché, la Chase Manhattan devra alors reprêter ces fonds afin de pouvoir honorer les intérêts à payer à ce déposant. Dans l'affaire, la Banque aura prêté 1 500 000 dollars (soit 500 000 de plus à son actif) au lieu d'un million. On assiste alors à un gonflement rapide et artificiel du bilan : rapide, car les deux opérations de crédit ont lieu presque simultanément, artificiel, puisque 500 000 dollars sont reprêtés alors qu'ils ne correspondent ni à un remboursement de la première créance, ni à un dépôt « régulier ». Pire encore, l'existence même du détournement empêche de façon rédhibitoire tout remboursement sur le premier crédit puisqu'elle signifie que des capacités productives ne seront pas mises en place au Mexique pour rembourser la dette [10].

Les évêques du Zaïre, dans un *Mémorandum* daté du 15 mars 1990 au président de la République, le maréchal Mobutu, ont dénoncé cette situation :

> Le fonctionnement de nos institutions, tel que décrit ci-dessus, est bien connu et encouragé par les partenaires étrangers du Zaïre. En effet, ils savent bien avec qui ils ont signé des contrats et où est logé l'argent qu'ils ont donné en crédit au Zaïre. Il est, dès lors, anormal et injuste que ceux-là mêmes qui ont mis en place un système financier recyclant à leur

---

10. Philippe Norel et Éric Saint-Alary, *op. cit.,* p. 71.

avantage des capitaux détournés — qu'ils prêtent à intérêt à ce même peuple qui en a été spolié —, exigent, pour le remboursement, des restrictions budgétaires ayant pour conséquence l'appauvrissement sans cesse croissant des populations obligées à subir le poids des crédits non reçus et qui fructifient pour d'autres. Ces populations sont ainsi *doublement victimes* du système usuraire international, soutenu par des pays par ailleurs promoteurs de la justice sociale et des droits de l'homme. Cette injustice est d'autant plus criante que cet argent placé et recyclé n'est jamais récupéré par le peuple du pays d'origine après la mort des détenteurs de comptes « secrets » [11].

Une dénonciation aussi autorisée et très bien documentée n'a empêché personne de dormir : ni Mobutu ni les fonctionnaires de la Banque mondiale. Rien n'a changé jusqu'à ce jour dans l'État du Zaïre.

## Privatiser l'économie, nationaliser l'État

Le modèle de développement fondé sur l'aide extérieure continue d'empoisonner la vie politique des États bénéficiaires. L'« aide » a engendré une nouvelle classe sociale, l'aidocratie, dont les assises économiques reposent sur les capitaux reliés à la coopération internationale et sur les recettes d'exportation des matières premières. La dépendance est non seulement consentie par ces élites emprunteuses et ces groupes exportateurs, elle est recherchée. Aucune concession ne leur paraît excessive pour perpétuer la libre circulation entre leurs mains des flux financiers externes.

---

11. Le « Mémorendum des évêques du Zaïre » a été reproduit dans *Jeune Afrique,* n° 1527, 9 avril 1990.

Croire que l'on pourrait par des exhortations ou même des menaces amener cette bourgeoisie d'État à un changement de conduite serait ignorer les causes et les circonstances qui l'ont fait naître. Demander à ces États de se réformer, c'est supposer le problème résolu. Or, il est loin de l'être. Le système de l'aide et de l'endettement a contaminé le champ politique qui, arrosé de l'extérieur, peut se passer de ses bases sociales pour survivre.

Dans un article récent, publié dans l'hebdomadaire américain *Time*, un analyste du sous-développement a prescrit, pour sauver l'Afrique, un remède sans doute efficace, mais inapplicable dans les circonstances actuelles : « privatiser l'économie et nationaliser l'État [12] ».

---

12. Gerd Behrens, « L'humanitaire est l'opium des privilégiés », reproduit dans *Jeune Afrique*, n° 1757, 8-14 septembre 1994.

# CHAPITRE 6

# Le Tiers Monde verrouillé

*QUEL FINANCEMENT pour quel développement ?* La question s'est posée avec acuité, dès les premiers temps de la décolonisation, dans un grand pays qui venait de conquérir son indépendance : l'Inde de Gandhi et de Nehru. Tous les deux désiraient ardemment la libération de leur pays, mais ils n'avaient pas la même conception du développement ni le même projet de société.

## Gandhi vs Nehru

Gandhi fut un des rares militants de la décolonisation qui comprit d'emblée qu'il serait néfaste pour son propre pays et pour l'ensemble de l'humanité de suivre docilement le modèle occidental de production, de consommation et de croissance économique à l'infini. Dès 1928, il écrivait : « Si une nation entière de 300 millions d'habitants [l'Inde de l'époque] prenait part à une exploitation économique similaire [à celle de l'Angleterre], elle dénuderait le monde comme une nuée de sauterelles [1] ».

Dans leur récit de la libération de l'Inde, Dominique Lapierre et Larry Collins racontent comment « Gandhi s'opposait farouchement à tous ceux qui prétendaient que l'avenir de l'Inde dépendait de sa capacité d'imiter la société industrielle et technocratique de l'Occident qui l'avait colonisée [2] » :

> Il voulait que chaque village devint une entité autonome capable de produire sa nourriture et son habillement, capable d'instruire ses jeunes et de soigner ses malades. [...]

> Son cauchemar était une société industrielle dominée par la machine, une société qui aspirerait les populations rurales pour les enfermer dans d'ignobles taudis urbains, les coupant de leur environnement naturel, détruisant leurs attaches familiales et religieuses, et tout cela en vue de produire ce dont les hommes n'avaient pas besoin [3].

Nehru, au contraire, croyait à la technologie et aux industries importées. Il était impatient d'obtenir de l'Ouest comme de l'Est les capitaux nécessaires pour bâtir des barrages gigantesques et pour inaugurer des usines qui allaient remplacer définitivement le métier du tisserand, les ciseaux du tailleur et le marteau du cordonnier. Au risque de créer des millions de chômeurs, il fallait rattraper rapidement l'Europe et l'Amérique. Lorsque Truman

---

1. Cité par Jean-François Beaudet, *L'autre révolution,* Montréal, Fides, 1990.

2. Dominique Lapierre et Larry Collins, *Cette nuit la liberté,* Paris, Robert Laffont, 1975, pp. 307-308. Aussi Romesh Diwan et Mark Lutz, *Essays in Gandhian Economics,* New Delhi, Gandhi Peace Foundation, 1985.

3. Lapierre et Collins, *op. cit.,* pp. 308-309.

donne le signal du départ en 1949, Nehru lance son pays dans la course au développement et à la modernisation dont les objectifs, le parcours et les règles ont été définis par les protagonistes occidentaux de ce marathon.

Aujourd'hui, l'Inde court toujours. Elle est devenue, selon la terminologie de la Banque mondiale, un « nouveau pays industriel », tout en demeurant un des pays les plus pauvres de la planète avec un PNB par habitant de 330 $. Au palmarès du développement humain dressé chaque année par le PNUD, elle arrive au 135ᵉ rang, juste avant les 43 pays *les moins avancés*. Elle croule sous le poids de sa dette extérieure : près de 100 milliards de dollars. Au début de 1991, elle est au bord de se déclarer en cessation de paiement. La Banque mondiale se porte à son secours avec un prêt de 7,6 milliards. Depuis son accession à l'indépendance en 1947, elle a plus d'une fois frôlé la famine. Malgré sa « révolution verte » — sans réforme agraire ! —, près de la moitié de ses 900 millions d'habitants ne mangent pas à leur faim. À Calcutta, la cité aux centaines de milliers de sans-logis, les pires appréhensions de Gandhi se réalisent : les pauvres, aspirés par la ville, n'y trouvent plus de taudis pour dormir.

## Le Tiers Monde est mal parti

C'est ce modèle, celui de Truman et de Nehru, qui a prévalu dans l'ensemble du Tiers Monde. Un modèle fondé sur l'apport massif de capitaux et de technologies extérieurs qui a réussi à moderniser la pauvreté et à changer la frugalité en misère, sans tenir ses promesses de développement.

En 1962, un contestataire à la dent dure avait soulevé un tollé des deux côtés du guichet de l'aide, en affirmant que l'Afrique avait pris un mauvais départ dans la course au développement. *L'Afrique noire est mal partie,* constatait l'agronome René Dumont dans un livre choc que l'on lit maintenant comme la chronique d'un sous-développement annoncé et dénoncé [4]. Il y critiquait l'expansion des cultures d'exportation aux dépens des cultures vivrières, la rémunération scandaleuse de la nouvelle « bourgeoisie de la fonction publique » et la corruption résultant d'une aide paternaliste. Cette dénonciation lui vaudra d'être interdit de séjour dans la plupart des pays africains pour de nombreuses années.

En vérité, René Dumont disait trop peu. C'est tout le Tiers Monde qui est mal parti. Car l'idée même de fonder le développement sur l'aide extérieure annonçait une course à obstacles dont le principal prendrait la forme d'une montagne insurmontable : la dette.

La dette actuelle du Tiers Monde s'élève à environ 1800 milliards de dollars. Elle est reconnue officiellement comme irremboursable et donc éternelle. L'aide a fait sombrer les pays sous-développés dans la dépendance et dans l'impuissance technologique et financière.

Même les plus fervents protagonistes de ce type de développement reconnaissent une augmentation des inégalités et de l'appauvrissement. Selon le dernier rapport du PNUD, lequel n'a pas l'habitude d'exagérer ses diagnostics, « un cinquième de la population des pays en développement connaît chaque jour la faim, un quart est privé de moyens de survie essentiels, à commencer par l'eau potable, et un tiers végète dans la misère la plus extrême [5] ». Des peuples entiers sont ainsi dépossédés de

4. Paris, Seuil, 1962.

5. PNUD, *op. cit.,* p. 2.

leur capacité autonome de se nourrir, de se gouverner, de gérer leurs crises et de donner un sens à leur existence.

Des progrès ont certes été accomplis dans divers domaines. Les universités se sont multipliées, les communications ont fait des bonds spectaculaires, certaines maladies ont reculé. Ces avancées ponctuelles ne peuvent toutefois contrebalancer l'effet global qui se traduit par le verrouillage du Tiers Monde. Toutes les issues lui sont simultanément bloquées par autant de verrous qui l'empêchent de sortir de sa situation de dépendance. Cette situation semble désormais figée. Même la dette ne fait plus peur à personne, sauf aux populations contraintes de la porter et de la payer.

## Les sept verrous

*L'endettement* amorcé et stimulé par le système de l'aide s'est institutionnalisé, universalisé, diversifié. Les pays sous-développés se retrouvent tous, ou presque, aux prises avec une dette perpétuelle. C'est le *premier verrou*.

*Les transferts massifs de technologie moderne* ont rendu les économies sous-développées dépendantes d'un savoir-faire qu'elles ne peuvent se payer, ni maîtriser, ni reproduire, ni même mettre à profit pour augmenter leur productivité. *Deuxième verrou*.

*Les Programmes d'ajustement structurel* du FMI et de la Banque mondiale sont venus, depuis le début des années 1980, bloquer les deux premiers verrous en obligeant les pays sous-développés, coincés par leur dette, à s'ajuster, à tour de rôle, aux exigences libre-échangistes d'un marché en voie de mondialisation, impitoyable pour les économies faibles. *Troisième verrou*.

*La mondialisation* des capitaux, des communications et des marchés a consacré l'avènement d'un nouveau pouvoir économique supraétatique, lequel marginalise dans l'impuissance et la frustration les pays du Tiers Monde qui n'ont guère de prise sur ces mécanismes et ces intérêts. *Quatrième verrou.*

*Une nouvelle classe politique* branchée sur l'aide extérieure et les grandes institutions internationales d'aide au développement s'est constituée en une véritable aidocratie devenue l'intermédiaire obligée et incontournable du système de l'endettement dont elle profite copieusement. *Cinquième verrou.*

*L'aide militaire* ayant amorcé la pompe, les pays du Tiers Monde consacrent à leurs achats d'armement l'équivalent de la moitié de toute l'aide publique au développement qu'ils reçoivent ; cet équipement sert, en grande partie, à réprimer les mouvements sociaux les plus progressistes et, très souvent, à ravitailler des factions qui se disputent un pouvoir enraciné financièrement dans la coopération internationale. *Sixième verrou.*

*L'idéologie développementiste,* qui s'inscrit dans la tradition missionnaire de l'Occident chrétien, est si fortement ancrée dans les esprits que l'aide au développement sous sa forme actuelle (dons, prêts, lignes de crédit, investissements, assistance technique, aide militaire) est considérée comme une œuvre pie, une obligation morale, un impératif politique. *Septième verrou.*

## « 50 ans, ça suffit ! »

Constatant l'inefficience du modèle cinquantenaire porté par les institutions de Bretton Woods, un regroupement de 500 ONG du monde entier vient de lancer une campagne sans précédent demandant une réforme de fond en comble du FMI, de la Banque mondiale et du

GATT. Ne croyant plus à la possibilité d'une telle réforme, nombre d'ONG préconisent plutôt l'abolition de ces institutions. Le mot d'ordre de la campagne : « 50 ans, ça suffit ![6] ».

La question se pose : ces institutions sont-elles réformables ? Posons le problème de façon plus générale : est-il réaliste d'espérer ou de proposer une réforme du système de l'aide au développement ? Une réponse réaliste ne peut être optimiste. En effet, les organismes à tous les niveaux et de toute nature que s'est donné le monde développé pour « aider » le Tiers Monde sont si lourds qu'on ne peut guère espérer les voir par eux-mêmes changer de cap. D'un autre côté, l'idéologie développementiste plonge des racines si profondes, de chaque côté des frontières de l'aide, que la machine de la « coopération internationale » ne s'arrêtera pas en dépit de tous les rapports confirmant son échec. Le but principal de cette machine est de se perpétuer. Comme le constate le Suisse Rudolph Strahm, un des observateurs les plus persévérants de l'industrie du sous-développement, « l'aide internationale au développement est arrivée au point où elle n'aspire plus qu'à confirmer sa propre existence et sa propre dynamique[7] ».

La bureaucratie qui vit du système et le fait fonctionner ne se sabordera pas. « On ne voit jamais, remarque Milton Friedman, une administration disparaître, même après que son objet a disparu[8]. » À moins que les autorités politiques et économiques ne lui coupent les vivres. On peut

---

6. Voir « World Bank under Fire », *in People & the Planet,* vol. III, n° 3, 1994.

7. *Op. cit.,* p. 208.

8. Entrevue accordée à Guy Sorman, « Le dernier combat de Milton Friedman, sauver le capitalisme », *in Le Devoir,* le 5 avril 1994.

prévoir qu'elles s'en abstiendront, étant donné la vision à court terme et l'opportunisme qui caractérisent les dirigeants actuels du monde développé. Les véritables responsables demeurent, au fond, cette classe politique et les puissants intérêts qui l'ont fait naître.

On a eu la preuve de l'immutabilité du système lorsque, durant la décennie 1970, la proposition d'un « Nouvel Ordre économique international » laborieusement concoctée a été déposée sur la table des Nations Unies. Le NOÉI s'est avéré une grande illusion, rien de plus. Aucune de ses dispositions qui prévoyaient un code de conduite pour les multinationales, la stabilisation des prix des matières premières et la réglementation du commerce international n'a pu être mise en vigueur. Ce sont les pays développés, tant capitalistes que socialistes qui, après avoir voté en sa faveur « par politesse », ont fait avorter cette réforme.

Puisque le système est dans l'impasse, l'évolution du Tiers Monde est-elle bloquée à jamais ?

## ... mais l'histoire n'est pas finie

Est-il possible d'inventer d'autres modèles ? Est-il possible d'échapper à ce paradigme, à cette façon de concevoir le progrès et l'épanouissement des peuples ? Le développement-sous-développement aura-t-il une fin ? À l'heure où le pessimisme risque de gagner les esprits, il est bon de se rappeler que les systèmes rigides imposés aux populations finissent tôt ou tard par céder. L'effondrement du système communiste et le brusque dénouement de la guerre froide peut servir de référence. Personne n'avait prévu ce revirement de situation : ni les dirigeants politiques, ni les grands services de renseignements comme la CIA, ni les médias, ni les universitaires les plus érudits.

En fait, trois enseignements se dégagent de cette
« révolution tranquille » qui n'est pas sans conséquence
pour la suite des choses dans le Tiers Monde[9] :

1. Aucune situation politique ou économique, intérieure
   ou internationale, n'est désespérée, aussi bloquée soit-
   elle. La rigidité des structures, la désinformation, l'autoritarisme même n'ont, dans une perspective historique,
   qu'un effet retardataire sur l'évolution des systèmes
   sociaux. L'Histoire est toujours capable de ruades
   imprévues ;

2. Les plus grands changements ne sont pas nécessairement
   le fait des autorités politiques. Au contraire, devant
   l'ampleur des problèmes à résoudre et des tâches à
   accomplir, ces grands décideurs donnent souvent
   l'impression d'être totalement dépourvus de vision et
   de moyens. Ils étonnent par leur pleutrerie et leur affai-
   risme. Démocrates ou despotes, ils ne pensent généralement qu'à se maintenir au pouvoir ;

3. Avec la disparition de l'idéal socialiste, il n'y a plus de
   contre-modèle prêt-à-porter pour un autre développement. Il faudra en inventer un et ce ne seront proba-
   blement pas les élites politiques ni l'intelligentsia qui le
   feront. Le désordre et le vide sont si grands qu'il n'est
   pas interdit de penser que de nouveaux paradigmes
   puissent surgir de la pratique même des groupes sociaux
   à l'œuvre dans le Tiers Monde profond.

La suite de cet essai est une quête d'idées et de pratiques
socio-économiques cohérentes susceptibles de converger
vers le plus grand de tous les accomplissements humains :
l'autoréalisation des individus et des peuples.

---

9. Voir l'excellent livre de Henri Eyraud, *La fin de la guerre froide,
Perspectives,* Presses Universitaires de Lyon, 1992, pp. 162-165.

# DEUXIÈME PARTIE

# Le développement par l'épargne intérieure

Le principe qui nous porte à épargner, c'est le désir d'améliorer notre sort ; désir qui est en général, à la vérité, calme et sans passion, mais qui naît avec nous et ne nous quitte qu'au tombeau.

**Adam Smith,** *An Inquiry into the Nature and Causes of the Wealth of Nations,* 1776

Le débat aujourd'hui est de savoir comment le paysan peut mieux organiser son épargne pour la rendre plus rentable et plus efficace. Maintenant que la banque des « chefs » n'a pas trouvé les solutions aux problèmes du paysan, il est urgent que les paysans réfléchissent davantage. Je pense à un système conçu par les paysans eux-mêmes. Un système où les paysans décident seuls de leur épargne, décident de leur crédit.

*La Voix du paysan,* Yaoundé, septembre 1991

# CHAPITRE 7

# Épargne et développement

UN DES EFFETS les plus pervers du recours systématique aux capitaux étrangers pour financer le développement a été de minimiser le rôle de l'épargne intérieure dans le « décollage » économique. Acquis d'emblée au modèle du développement à crédit, les gouvernants des pays sous-développés se sont crus dispensés d'établir des politiques de mobilisation de l'épargne nationale. Ils ont plutôt favorisé la mise en place de systèmes bancaires extravertis, destinés à capter les flux financiers apparemment généreux et inépuisables de la coopération internationale.

« On conçoit aisément qu'il est plus facile pour un gouvernement de solliciter un prêt auprès d'une banque étrangère plutôt que de collecter la même somme auprès des épargnants nationaux [1]. » Plus facile et surtout plus « rentable », quand on songe aux fortunes colossales que les courtiers locaux de l'aide internationale ont pu amasser

---

1. Denis Kessler, « Endettement, épargne et croissance dans les pays en développement », dans Denis Kessler et Pierre-Antoine Ullmo, dir., *Épargne et développement*, Paris, Economica, 1985, p. 393.

en des temps records. La Camerounaise Axelle Kabou
observe :

> Trente années de télé-alimentation, de télé-financement, de
> détournements divers ont, semble-t-il, définitivement con-
> vaincu les bourgeois africains que leur argent ne saurait ser-
> vir au développement de leur continent [2].

Ainsi, faute d'encouragement effectif et de structures
financières adéquates, l'épargne est demeurée dans les pays
sous-développés une source négligeable et négligée de
capitalisation, sauf en Chine, à Taïwan, à Singapour et en
Corée du Sud. L'épargne et la formation interne du capital,
qui constituaient naguère des sujets de prédilection dans
les traités d'économie, font figure de parents pauvres dans
les nouvelles théories du développement accéléré élaborées
à compter des années 1960 : « La disparition du thème de
la mobilisation de l'épargne a été telle qu'un lecteur occa-
sionnel de la littérature récente consacrée au développement est convaincu que le crédit est la panacée du développement [3] ».

Mais l'ampleur de la crise de l'endettement et des
problèmes qui en découlent pourrait bien avoir pour effet
de remettre l'épargne intérieure à l'ordre du jour.

## Le véritable nom du développement

La capitalisation est le véritable nom du développement.
En effet, le point de départ de tout progrès économique

---

2. Axelle Kabou, *Et si l'Afrique refusait le développement ?*, Paris,
   L'Harmattan, 1991, p. 24.

3. Dale W. Adams, « L'épargne financière rurale a-t-elle un rôle à
   jouer dans le développement ? », dans D. Kessler et P.-A. Ullmo,
   dir., *op. cit.*, pp. 9-10.

et social, c'est l'accumulation systématique du capital et son investissement productif. Pour les peuples comme pour les individus, le même principe s'applique. C'est pourquoi la théorie économique classique faisait reposer le démarrage économique sur l'épargne intérieure. En 1954, Arthur Lewis, un des premiers économistes occidentaux à se pencher sur le problème des économies sous-développées, expliquait ainsi l'importance de l'épargne intérieure dans le développement économique :

> Le problème central dans la théorie du développement économique est de comprendre le processus par lequel une communauté qui n'épargne et n'investit que de 4 à 5 %, ou moins, de son revenu national, change d'attitude pour en arriver à une situation où l'épargne volontaire représente de 12 à 15 %, ou plus, de son revenu national. C'est le problème central, car le pivot du développement économique repose sur une accumulation rapide du capital, lequel englobe la connaissance et la maîtrise technologiques. C'est là le secret de toute « révolution industrielle » : l'augmentation de l'épargne intérieure par rapport au revenu national [4].

Rostow reprendra le même thème en fixant, lui aussi, autour de 12 % le taux de capitalisation nécessaire au démarrage des économies sous-développées. Toutefois, il s'écartera radicalement de l'approche classique en recommandant le recours massif aux capitaux et à la technologie extérieurs pour accélérer ce qu'il appelle le décollage (*take-off*). Comme tant d'économistes à sa suite, Rostow aborde le sujet comme s'il y avait deux rationalités économiques différentes : une pour les économies développées et une autre pour les économies sous-développées. C'est le tort de la science économique actuelle de fractionner la

---

4. Arthur W. Lewis, *op.cit.,* p. 155.

discipline et de se retrancher dans des secteurs étanches comme s'ils évoluaient sur une autre planète [5].

Il est vrai que les situations historiques et sociales sont différentes. Cependant un principe universel et incontournable demeure : le progrès commence lorsqu'une société consomme moins qu'elle ne produit et qu'elle utilise ses *surplus* pour fabriquer ou acquérir des outils. Que cherche la collectivité qui s'applique à acquérir des outils ? Essentiellement une chose : produire davantage de biens et de services avec moins d'efforts, moins de temps, moins de main-d'œuvre. C'est l'investissement productif. La fabrication et l'utilisation de ces outils signifient non seulement une augmentation de la production et de la productivité, mais aussi la formation des ressources humaines par la pratique, c'est-à-dire le développement de l'habilité intellectuelle et manuelle des gens qui inventent, fabriquent et contrôlent ces outils. On peut affirmer sans ambages que la formation professionnelle reliée à la pratique constitue elle-même de l'épargne quantifiable monétairement.

Le dégagement de *surplus,* c'est *l'épargne.* La formation du capital endogène par l'investissement et le réinvestissement des profits n'est autre chose que la mise en valeur de cette épargne. Les connaissances et l'habilité acquises dans la gestion du capital, des outils et des machines, font partie du patrimoine technologique, non moins nécessaire au progrès que les investissements en argent et en équipement. Le *développement comme processus* peut se définir comme *l'ensemble des activités qui contribuent à la formation progressive du capital matériel et humain en vue*

---

5. Voir Henri Bartoli, *L'économie multidimensionnelle,* Paris, Economica, 1991.

*d'une production autoentretenue visant à satisfaire les besoins présents et futurs de la collectivité.*

Précisons ici que l'épargne, l'investissement et la formation du capital « sont des phénomènes fondamentaux ; ils ont existé à toute époque et en tous pays ». Pour en faire l'analyse, « il n'est donc pas nécessaire de se placer dans le cadre d'une économie complexe comme la nôtre ; leurs traits fondamentaux apparaissent mieux, au contraire, dans les formes les plus élémentaires qu'ils prennent au sein d'une économie primitive [6] ».

## La dynamique de l'épargne volontaire

Distinguons, pour la suite de cet essai, les diverses formes d'épargne :

— *l'épargne intérieure brute* est la différence entre le produit intérieur brut, d'une part, et la consommation publique et privée, d'autre part ;

— *l'épargne réelle* est la partie de l'épargne brute disponible pour l'investissement productif ;

— *l'épargne potentielle* est celle qui existe, mais qui est détournée de sa finalité pour la consommation somptuaire, les acquisitions spéculatives, la construction de monuments grandioses (cette cathédrale dans le désert subsaharien !) ou toute autre dépense improductive.

---

6. Pierre-Marie Pradel, *L'épargne et l'investissement*, Paris, PUF (coll. « Que sais-je ? »), 1961, p. 7.

Autres distinctions :

— *l'épargne volontaire* résulte de la décision des individus et des ménages de mettre de côté une partie de leurs revenus ;

— *l'épargne réinvestie* représente les profits réinjectés dans l'entreprise ;

— *l'épargne forcée* est celle prélevée par l'État au moyen de l'impôt, de la taxation, de l'inflation et de la fluctuation des taux de change.

Dans les pays sous-développés, cette dernière forme d'épargne s'avère relativement abondante, mais elle finit par être canalisée principalement vers l'extérieur pour le service de la dette et les dépenses militaires. Il sera surtout question dans ce chapitre et les suivants d'épargne privée volontaire. C'est la plus significative ; elle « est au centre d'une politique avisée de développement. Respectueuse des initiatives individuelles, elle signifie, dans son acception la plus profonde, une amputation de la consommation avec, comme corollaire, le maintien de la production à son niveau, voire même son augmentation [7] ».

S'il est vrai qu'un peso capté par le fisc est égal quantitativement à un peso déposé volontairement dans la cagnotte d'une tontine [8] ou dans une caisse d'économie, le sens et l'effet de ces deux formes d'épargne sont diamétralement opposés. Dans le premier cas, on aboutit à la passivité et à l'impuissance ; le second s'inscrit dans une dynamique de prévision et de prise en charge.

---

7. Elias Gannagé, *Financement du développement,* Paris, PUF, 1969, p. 15.

8. La tontine est un mécanisme traditionnel d'épargne que nous examinerons aux chapitres 8 et 9.

## Le rôle irremplaçable de l'épargne

Rien n'empêche une société en mal de développement rapide, si sa cote de crédit le lui permet, d'avoir recours à des capitaux extérieurs pour se procurer toutes sortes d'outils et d'équipements : ordinateurs, tracteurs, aéroports, centrales hydroélectriques et nucléaires, etc. Toutefois, comment maîtrisera-t-elle ce matériel importé, si elle n'a pas évolué intellectuellement et culturellement avec lui ? Et si elle n'arrive par à les faire fonctionner correctement, elle restera à la remorque des consultants étrangers moyennant des coûts exorbitants. Ainsi, l'équipement importé n'arrivera pas à produire les profits nécessaires à son amortissement.

Quand arrivera l'heure fatidique des remboursements, l'État devra forcer l'épargne en effectuant une ponction souvent impitoyable sur les maigres revenus des travailleurs par l'impôt ou par l'inflation ou par les deux à la fois.

Tôt ou tard, d'une manière ou d'une autre, la nécessité de l'épargne nous rattrape tous. Pour les sociétés comme pour les individus, l'épargne est le prix de l'autonomie, de la liberté, de la croissance et de l'épanouissement.

Le rôle de l'épargne intérieure dans le développement apparaît comme indispensable et irremplaçable à de multiples égards :

— Seule l'épargne permet *l'accumulation d'un capital physique et humain* (*technologique*) ; transformée en investissement productif, elle assure un revenu autonome et cumulatif pour aujourd'hui et pour demain ;

— L'établissement d'un solide réseau de capitaux domestiques peut seul constituer *un rempart et une protection contre les contraintes aléatoires des marchés internationaux de capitaux* : inflation importée, fluctuation des taux d'intérêts, spéculation sur les taux de change, investissements envahisseurs ;

— L'épargne intérieure favorise *l'intégration des circuits financiers et économiques* dans une même communauté, une même région, un même pays ; de ce fait, elle permet une croissance autoentretenue, plus harmonieuse et plus régulière ;

— Le développement autofinancé par l'épargne intérieure et autogéré permet aux collectivités d'échapper à la « paresse technologique » encouragée par l'investissement étranger ; lui seul conduit à *la maîtrise de la filière technologique* et à la créativité ;

— Par *leur action autoéducatrice,* la mobilisation et la gestion de l'épargne volontaire jouent un rôle souvent plus important que les investissements eux-mêmes ; la gestion communautaire de l'épargne forge les futures femmes d'affaires, les futurs entrepreneurs, les futurs dirigeants et dirigeantes du pays ; là se cristallise le premier et indispensable apprentissage de la démocratie économique et politique qui, dans les pays industrialisés, n'a pas commencé autrement ;

— L'épargne volontaire, parce qu'elle est le fruit d'une décision personnelle, agit comme *une source permanente de motivation et de dynamisme* qui rejaillit sur toute la communauté.

## « Le secret de la réussite japonaise [9] »

Le secret de la réussite de tous les pays industrialisés réside dans le dégagement d'un surplus par une certaine frugalité initiale. En un mot : l'épargne. Une épargne qui s'est cristallisée à partir du travail acharné d'une paysannerie souvent surexploitée, d'une part, et d'une classe d'artisans soucieuse de réinvestir ses gains, d'autre part. « En fait, l'autofinancement était la forme dominante et presque exclusive du financement des entreprises au début de la révolution industrielle [10]. »

Les pays développés ont aussi, pour la plupart, bénéficié de l'apport de capitaux étrangers, non pas tant par l'endettement que par la colonisation, le pillage, l'esclavage et la piraterie. Toutefois, même ces « transferts » n'auraient pas été possibles sans la constitution préalable d'un capital endogène, capable de dégager les moyens nécessaires à l'exploration, la conquête et le détournement de richesses accumulées par d'autres collectivités.

Prenons le cas du Japon moderne, un exemple particulièrement éclairant parce qu'il est récent, clair et percutant. À la fin des années 1940, ce pays se trouvait dans une situation bien pire que celle de beaucoup de pays que le président Truman venait d'étiqueter comme sous-développés. La guerre l'avait laissé dans un dénuement complet. Ses villes avaient été rasées, ses usines

---

9. C'est le titre d'un article signé par le célèbre professeur d'économie politique du Claremont College (Californie), Peter Drucker, *in Jeune Afrique*, n° 1560, 21-27 novembre 1990.

10. Paul Bairoch, *Le Tiers-Monde dans l'impasse, Le démarrage économique du XVIIIᵉ au XXᵉ siècle*, Paris, Gallimard, 1992, p. 95. La première partie de cet ouvrage magistral a pour titre : « L'histoire du démarrage des pays développés », pp. 23-136.

détruites, ses ressources humaines décimées, ses institutions financières décapitalisées. Il partait de zéro. D'aucuns ont été tentés d'attribuer son prodigieux relèvement à une quelconque intervention surnaturelle — « le miracle japonais » — ou à des traits culturels, voire génétiques. « Les Japonais sont des fourmis ! », de s'exclamer Madame Cresson, ex-première ministre française. Ce n'est pourtant pas le cas. L'Histoire démontre à l'envi qu'il n'y a ni miracle ni préférence génétique en économie. La recette japonaise s'inscrit dans la ligne classique du développement des économies modernes. Elle est simple et complexe à la fois : une forte dose d'épargne volontaire et forcée versée à jets continus dans l'investissement productif. Le tout assaisonné d'une solide motivation qui prend sa source, dirait Adam Smith, dans le désir de chaque épargnant d'améliorer son sort. C'est un cercle vertueux.

Après la capitulation des « *Japs* », en 1945, les États-Unis n'avaient pas la moindre intention de mettre à leur disposition ni un semblant de plan Marshall ni un programme quelconque d'aide. Le Japon n'avait, par ailleurs, aucune possibilité d'emprunter à l'étranger. En 1950, la crise économique et sociale s'emballa au point que les occupants américains, craignant la catastrophe, durent faire appel à un banquier de Détroit, Joseph Dodge, comme conseiller économique spécial. Partant d'équations simples et réalistes, Dodge comprit que la reconstruction de l'économie japonaise ne pouvait tirer son financement que de l'épargne interne. Le ministre des Finances nippon tomba d'accord pour aller la chercher. Par les taxes et par l'impôt, mais aussi et surtout par une sorte de régime d'épargne volontaire échappant à toute fiscalité :

> Dodge préconisa d'exonérer de toute imposition les intérêts issus des dépôts à la caisse d'épargne, à hauteur de 3 millions de yens par personne. En 1950, cela ne représentait guère

plus de 8000 dollars. Mais dans le Japon de l'époque, c'était une somme astronomique que seuls les 2 % les plus riches pouvaient gagner : 25 fois le revenu annuel moyen ! [...] L'inflation disparut en quelques semaines. Six mois plus tard, le taux de l'épargne devint positif et n'arrêta plus de grimper. En même temps, les revenus de l'imposition commencèrent également à augmenter. Et quand ces comptes d'épargne exonérés d'impôt furent supprimés, en 1988, pratiquement tous les Japonais (pauvres ou riches) en possédaient au moins un (certains en avaient même jusqu'à 20, la limite à un seul compte par personne n'ayant jamais été respectée). Cette épargne a permis de financer la croissance de l'économie japonaise et son appétit d'exportation. Elle explique aussi pourquoi, fait sans précédent dans l'Histoire moderne, le Japon a pu se développer sans emprunter à l'étranger [11].

Et les résultats sont durables. Aujourd'hui encore, un seul pays apparaît comme exportateur net de capitaux : le Japon. Les habitudes d'épargne des Japonais les ont conduits à considérer l'endettement vis-à-vis de l'étranger comme une forme d'asservissement. Comment ne pas leur donner raison devant le spectacle affligeant d'un Tiers Monde endetté placé sous tutelle ?

## L'exemple des Bamilékés

Prenons maintenant le cas d'une collectivité africaine qui réussit à se développer en plein cœur d'un pays sous-développé. Après les troubles qui sévirent dans l'Ouest du Cameroun, de 1955 à 1965, les Bamilékés, laissés à eux-mêmes, cessèrent de compter sur les calculs macro-économiques des experts internationaux et décidèrent de se prendre en main. Après moins de trois décennies d'efforts intelligents, ce peuple d'agriculteurs, d'artisans

---

11. Peter Drucker, *op. cit.*

et de commerçants a réussi à se nourrir et à progresser sans aide ni emprunt extérieurs. Ils sont environ 1,7 million, soit 17 % de la population du Cameroun. Ils ne manquent de rien, même si les téléviseurs et les grille-pain y sont rares. Le secret de la réussite des Bamilékés : l'accumulation du capital par l'épargne et la solidarité.

> L'épargne, au début est individuelle, celle du salarié ou du tout petit artisan ou commerçant. [...] Son revenu personnel sera investi. Sa famille vit frugalement. Cette austérité jointe à un refus de l'ostentation contraste avec les mœurs des dirigeants africains. C'est une éthique. Ses voisins *consomment* ; le Bamiléké *retient*. [...] Quand il a réussi, il se desserrera un peu la ceinture, mais il vivra toujours au-dessous de ses moyens. Et, à côté de son entreprise, il investira dans l'immobilier, par sécurité. [...] Fort de ses économies qu'il ne dilapide ni en dépenses fastueuses ni au profit de parasites, l'entrepreneur bamiléké finance le développement de ses affaires par la tontine. La tontine d'affaires est tout autre chose que la vulgaire tontine de consommation qui permet aux participants, chacun son tour, de ramasser le pot pour acheter un réfrigérateur ou un mobilier de salon. Parce que les mises mensuelles se comptent en millions de F CFA [12] et parce que la cagnotte n'est pas attribuée à tour de rôle. Elle est mise aux enchères et elle n'échoit au mieux-disant que si le projet d'utilisation des fonds qu'il présente est approuvé.
>
> Alors, il ne bénéficie pas seulement des fonds de la tontine. Ses partenaires lui apportent des conseils émanant de leur expertise et, éventuellement, des compléments financiers sous

---

12. Le franc de la Communauté financière africaine (CFA) équivalait, à l'époque où fut écrit cet article, à environ 1/250 du dollar canadien, soit 250 F CFA pour 1 $ CAN. Le F CFA a été dévalué de 50 % en janvier 1994 (N. de l'éd.).

forme de participations individuelles au capital de son entreprise [13].

Les Bamilékés comptent sans doute parmi les précurseurs d'un modèle de développement qui s'apparente plus à celui des Japonais qu'à celui préconisé par la Banque mondiale et le FMI. Ce sont des autocapitalistes. Ils contrôlent aujourd'hui 75 % du commerce du cacao et possèdent 50 % des autocars du Cameroun ; ils détiennent 75 % des hôtels et 80 % des taxis de Yaoundé (capitale du pays) et de Douala (2e ville), deux cités qui n'appartiennent pas à leur territoire.

## Deux logiques opposées

À l'inverse des deux exemples précités, prenons le cas du Brésil qui, avec un endettement de 130 milliards de dollars, doit payer à ses créanciers étrangers un tribut annuel de 12 milliards pour les seuls intérêts. Une bonne partie des emprunts actuels du Brésil sert, non pas à l'investissement, mais au remboursement de sa dette. Ceux qui prétendent que les capitaux extérieurs ont contribué au développement du Brésil oublient que pendant la période du « miracle économique brésilien », au cours des années 1960 et 1970, environ 80 % des investissements provenaient de l'épargne interne et non des emprunts à l'étranger. La situation a bien changé depuis.

Bien que le crédit extérieur et l'épargne intérieure soient deux méthodes de financement qui ne s'opposent pas _a priori_, elles obéissent, dans le contexte actuel de

---

13. Philippe Gaillard, « Le secret des Bamilékés », _in Jeune Afrique_, n° 1694, 24-30 juin 1993. L'auteur se réfère au livre de Jean-Pierre Warnier, _L'esprit d'entreprise au Cameroun_, Paris, Karthala, 1993.

« l'économie d'endettement », à deux logiques diamétralement opposées : d'un côté, la logique des grands bureaux
de consultants et des salles de conférences des experts internationaux où les aspirations des populations sont sys-
tématiquement ignorées ; de l'autre, la logique de la
mentalité économe des gens du milieu dont les mobiles
d'épargne éclairent et stimulent tout le cycle de l'investissement.

# CHAPITRE 8

# L'épargne volontaire
# dans le Tiers Monde

L'ÉPARGNE EXISTE-T-ELLE dans le Tiers Monde ? Si elle existe, où se cache-t-elle pour que les responsables de l'aide internationale continuent de l'ignorer ? Pourquoi demeure-t-elle méconnue et sous-estimée après 50 ans d'apport extérieur de capitaux en « dons », en crédit et en investissements ?

Ces questions sont d'autant plus pertinentes que toute l'idéologie de l'aide au développement repose sur un postulat apparemment incontestable, à savoir que l'épargne intérieure dans les pays sous-développés, si tant est qu'elle existe, demeure une quantité négligeable en regard de leur immense retard et de leurs énormes besoins.

Les premières recettes du développement accéléré sont élaborées par des universitaires occidentaux, célèbres en leurs temps : Nurkse (1951), Hirschmann (1958) et surtout Rostow (1960). Tous, avec diverses nuances, réduisent le problème du sous-développement à un manque d'épargne locale et préconisent de combler cette lacune par des transferts de capitaux et de technologies des pays riches vers les pays pauvres.

Cette présupposition constitue en elle-même un déni d'autodéveloppement. Elle accrédite un préjugé voulant que les peuples dits sous-développés soient dépourvus de ce ressort irremplaçable de progrès socio-économique qu'est le désir de chacun d'améliorer son sort par l'épargne. Adam Smith, le père de la pensée économique moderne, partait plutôt de la conviction que le désir d'épargne est vrillé au cœur de tout individu, dès sa naissance, comme une sorte d'instinct. Si ce désir est profondément humain, pourquoi ne serait-il pas uniformément répandu sur toute la planète, y compris dans le Tiers Monde ?

Dans son célèbre ouvrage cité en exergue de la IIe partie du présent essai, Adam Smith, après avoir discouru longuement *De la nature des fonds ou capitaux, de leur accumulation et de leur emploi* (Livre II), explique comment, chez les particuliers, « le principe qui porte à épargner » prévaut à la longue et avec force sur « le principe qui porte à dépenser ». Il constate qu'il n'en est pas ainsi, hélas, pour les gouvernements dont « la presque totalité du revenu public est employé à entretenir des gens non productifs, comme les militaires », souligne-t-il, « et autres gens de cette espèce qui, ne produisant rien par eux-mêmes, sont tous entretenus par le produit du travail d'autrui ». Et il laisse tomber une remarque qui demeure d'une saisissante actualité : « Les nations ne s'appauvrissent jamais par la prodigalité et la mauvaise conduite des particuliers, mais bien par celles de leur gouvernement [1]. »

---

1. Adam Smith, *La richesse des nations,* vol. I, Paris, Flammarion, 1991, pp. 429 et 430. Édition originale : *An Inquiry into the Nature and Causes of the Wealth of Nations,* 1776.

## Les chiffres officiels

Les chiffres officiels donnent raison à Adam Smith : l'épargne existe en abondance dans les pays sous-développés. Dans son Rapport 1994, le PNUD estime que l'épargne intérieure brute des « pays en développement » s'élève en moyenne à 26 % de leur PIB. En comparaison, les pays de l'OCDE affichent un taux moyen de 22 %. Parmi les pays du Tiers Monde, les performances sont cependant fort inégales. Les champions sont la Chine (39 %) et la Corée du Sud (37 %). Même les PMA atteignent un taux moyen de 15 %. Seuls quelques pays en guerre ou particulièrement répressifs, comme le Tchad et la République centrafricaine, enregistrent des taux négatifs [2].

Il s'agit, répétons-le, de l'épargne brute qui n'est pas nécessairement réinvestie. La plus grande part est, au contraire, dissipée sous deux chefs principaux : les « placements » à l'étranger des nouveaux riches et les dépenses somptuaires de l'aidocratie. Des sommes colossales sont ainsi acheminées vers l'extérieur. Dans beaucoup de pays, une fois que les gouvernements ont pourvu au service de la dette et à l'entretien des forces armées, il ne reste plus rien. Le seul capital qui demeure disponible est l'épargne dite « informelle », la seule qui puisse être orientée vers l'investissement productif. Une épargne difficile à chiffrer, il est vrai, pratiquement invisible aux yeux des experts des institutions financières internationales.

Une épargne insaisissable aussi, dans tous les sens du mot, car elle échappe non seulement aux banquiers, mais aussi aux statisticiens et même au contrôle de l'État. Elle

---

2. PNUD, *op. cit.,* tableau n° 26 : « Agrégats des comptes nationaux consolidés des pays en développement », pp. 192-193.

évite le plus souvent les systèmes financiers nationaux incapables de s'adapter aux besoins économiques et sociaux des couches productrices de la population. Cette épargne que nous allons tenter de décrire joue un rôle dynamique au sein précisément du « secteur informel » de l'économie. Pour saisir l'importance de ce rôle, il importe de considérer, ne serait-ce que succinctement, la nature et l'ampleur de cette nouvelle économie qui se développe à grande vitesse dans le Tiers Monde.

## La face cachée de l'économie du Tiers Monde [3]

La face cachée de l'économie du Tiers Monde, c'est le « secteur informel ». Il s'agit de ce que les économistes ont commencé par appeler, au cours des années 1970, les activités « non structurées » ou « non classées ». Au début, les experts internationaux et les élites du Tiers Monde voyaient d'un fort mauvais œil ces activités mal définies et mal répertoriées. Dans le meilleur des cas, ils condescendaient à leur reconnaître une « nécessité temporaire », leur prédisant une rapide absorption par le secteur formel. Ils les qualifiaient volontiers de régressives et de contraires à la modernité, destinées à satisfaire les besoins primaires de certaines couches de la société attardées dans des valeurs du passé.

Le Bureau international du travail (BIT) s'y intéresse au début des années 1970, mais de façon ponctuelle, en

---

3. Ce titre fait référence à l'ouvrage de J.-F. Couvrat et N. Pless, *La face cachée de l'économie mondiale,* Paris, Hatier, 1988.

certains pays d'Afrique [4]. Ce n'est qu'à la fin des années 1980 que quelques rares organismes internationaux, comme l'OCDE, commencent à prendre acte du phéno-mène. En 1989, le *Rapport sur le développement dans le monde* de la Banque mondiale prête une attention spéciale au secteur financier informel dans les pays en développement.

Le rapport annuel du PNUD de 1993 fournit des chiffres étonnants concernant la progression du secteur informel :

> Dans les pays en développement, le secteur informel se développe pratiquement partout. C'est d'ailleurs dans ce secteur que l'on retrouve la plupart des petites entreprises. En Amérique latine, 25 % de l'ensemble de la main-d'œuvre non agricole travaillait dans le secteur informel au début des années 1980, chiffre qui est passé à 31 % à la fin de cette décennie [5].

En Afrique subsaharienne, le secteur informel s'est déve-loppé au rythme de 6,7 % par an entre 1980 et 1989, soit à un rythme beaucoup plus rapide que celui du secteur moderne. Entre 1980 et 1985, alors que le secteur moderne n'a créé que 500 000 emplois sur le marché du travail urbain, le secteur informel employait plus de 60 % de la main-d'œuvre urbaine, soit plus du double du secteur moderne.

---

4. Voir Claude Henin et Jérôme Doutriaux, « Secteur informel : les difficultés de l'approche et de l'intervention dans les pays en développement », *in Revue canadienne d'étude du développement*, vol. XIV, n° 2, 1993 : « La notion de secteur informel a été introduite par Keith Hart, en 1971, et reprise par le BIT, en 1972, dans le cadre d'une étude sur le Kenya. », p. 263.

5. PNUD, *Rapport mondial sur le développement humain 1993*, Paris, Economica, p.45.

## Tepito, un quartier très informel de Mexico

Tepito est un *barrio* [quartier populaire] en plein centre de la ville de Mexico, un quartier qui regroupe 72 pâtés de maisons habités par 120 000 personnes.

Les Tépitans savent comment aller à la conquête de leur espace vital. En plus de réaménager l'intérieur de leur maison, ils y ont rajouté un étage. Plusieurs maisons servent d'atelier le jour et de logement le soir. Les patios servent d'espaces communautaires pour de multiples usages. Peu à peu les Tépitans continuent d'envahir les rues. Ils les transforment en ateliers, en commerces et en centres récréatifs. Le commerce des vêtements usagés prospère à côté de celui des vêtements neufs confectionnés à Tepito. Les cordonniers font bon ménage avec les manu- facturiers de chaussures neuves. Les Tépitans réparent et transforment des milliers d'appareils mécaniques et électriques dont se débarrassent les gens riches ou de classe moyenne. Les appareils reconstruits par les Tépitans sont réputés pour leur qualité. [...] Dans chaque pâté de maisons, on trouve au moins un organisme de crédit mutuel. [...]

La base culturelle de l'ordre social établi à Tepito a permis au *barrio* à la fois de contester l'ordre légal de la ville et de s'y accommoder. Des avocats bien connus, avec la complicité évidente des tribunaux, ont tenté par tous les moyens de déloger les Tépitans, de les couper de leur tissu social et de leurs conditions d'existence les plus essentielles. La réplique tépitane a pris souvent la forme d'une lutte ouverte contre le système établi.

**Gustavo Esteva,**
« Une nouvelle source d'espoir : les marginaux »,
*in Interculture,* vol. XXVI, n° 2, printemps 1993, pp. 38,41

Dans certains pays asiatiques, notamment l'Inde, les Philippines et le Sri Lanka, l'emploi salarié dans le secteur informel urbain a augmenté à un rythme plus rapide que celui du secteur structuré. En Inde, le secteur manufacturier informel a créé deux fois plus d'emplois que le secteur structuré[6].

Des études récentes tendent à démontrer que ces chiffres, qui déconcerteront plus d'un analyste, sous-estiment pourtant la réalité, surtout en Amérique latine. Une enquête réalisée en Colombie montre que dans les quatre principales villes (Bogotá, Medellín, Cali, Baranquilla), 65 % des emplois dépendent du secteur informel[7]. Dans un livre choc paru en 1986 et qui vient d'être traduit en français, l'économiste péruvien Hernando de Soto expose, à la suite d'une vaste recherche d'équipe qui a duré 10 ans, « comment le Pérou est maintenant un pays dans lequel 48 % de la population active et 61 % des heures de travail créent, dans le cadre d'activités informelles, l'équivalent de 39 % du PIB ». À Lima, 42,6 % des logements abritant 47 % de la population relevaient, en 1984, du secteur informel. « La valeur de ces logements, édifiés avec de grands sacrifices par les *pobladores*[8], est estimée à 8,3 milliards de dollars. » Ce montant, remarque de Soto, équivaut à « 69 % de la dette extérieure totale, à long terme, du Pérou la même année[9] ».

---

6. *Ibid.*

7. Voir Enzo Faletto, « Formación histórica de la estratificación social en América latina », *in Revista de la CEPAL,* août 1993.

8. Habitants des bidonvilles.

9. Hernando de Soto, *L'autre sentier, La révolution informelle dans le Tiers-monde,* Paris, La Découverte, 1994, pp. 20 et ss.

On reviendra, dans les prochains chapitres, sur le cas de Taïwan où l'économie parallèle ou informelle représente 55 % du PNB.

## Les caractéristiques du secteur informel

Aujourd'hui, la réalité du secteur informel, encore largement ignorée ou sous-estimée par les organismes d'aide, a fini par s'imposer. On en reconnaît au moins l'existence. Il s'agit d'une véritable économie populaire justement nommée, dans les pays anglophones, *people's economy*. Elle se développe sous l'œil impuissant de l'appareil gouvernemental, en dehors de la réglementation administrative parce que cette dernière apparaît comme mal conçue, inadaptée, injuste ou trop contraignante. À ne pas confondre avec l'économie souterraine ou clandestine qui, dans les pays développés, cache des opérations illégales (commerce de la drogue, trafic d'armes, travail au noir, contrebande) ou des transactions louches (évasion fiscale, blanchiment d'argent). Dans les pays sous-développés, ces activités existent aussi et sur une grande échelle, mais celles du secteur informel sont d'un autre ordre : elles se déploient au grand jour, sur l'avenue principale. Des rues entières sont des ateliers de réparation, de fabrication ou de recyclage.

Tout se passe comme si l'État, dépassé par la dynamique de la vie, n'était pas en mesure de les comptabiliser ou de les enregistrer. Ça bouge trop ! Cette absence d'enregistrement signifie parfois l'illégalité, mais pas nécessairement. Le secteur informel est donc constitué d'activités non légalisées quoique légitimes. Il serait plus juste de dire *alégales*, comme on dit *apolitiques*.

## Tableau de l'ordre géopolitique mondial

| Pays exportateurs de pétrole à revenu élevé | Pays maldéveloppés | |
|---|---|---|
| hirats arabes unis .................. 22 150 * | Bahamas ........................... 11 550 | Jordanie... |
| unéi ...................................... 21 150 * | Chypre ............................. 8 230 | Maroc ... |
| atar ...................................... 15 040 * | Barbade ............................. 6 460 | Swazilan |
| oweït ..................................... 14 000 * | Seychelles ......................... 4 820 * | Équateu |
| abie saoudite ......................... 7 820 | Antigua-et-Barbuda .................... 4 770 | Rép. Do |
| hreïn ................................... 7 150 * | Gabon ................................ 3 780 | Guatem |
| bye ....................................... 6 680 * | Irak ................................. 3 650 * | Camer |
| man ...................................... 6 120 | Saint-Kitts-et-Nevis .................. 3 540 * | Papoua |
| | Trinité-et-Tobago ..................... 3 410 | Mongo |
| | Suriname ............................. 3 350 * | Angola |
| | Brésil ............................... 2 940 | Sénéga |
| | Uruguay .............................. 2 840 | Philipp |
| | Argentine ............................ 2 790 | Côte d |
| | Venezuela ............................ 2 730 | Zimba |
| | Afrique du Sud ....................... 2 560 | Bolivie |
| | Botswana ............................. 2 530 | Indon |
| | Malaisie ............................. 2 520 | Égypte |
| | Maurice .............................. 2 410 | Hond |
| Pays en voie de développement | Sainte-Lucie ......................... 2 350 * | Sri Lar |
| | Dominique ............................ 2 220 * | Nicara |
| | Iran ................................. 2 170 | Togo |
| ngapour .............................. 14 210 | Chili ................................ 2 160 | Pakist |
| ong Kong ............................. 13 430 | Grenade .............................. 2 130 * | Ghana |
| orée du Sud ........................... 6 330 | Panama ............................... 2 130 | Guyar |
| hine ...................................... 370 | Bélize ............................... 2 050 | Kenya |
| aïwan (non reconnu | Corée du Nord ........................ 2 000 * | Nigéri |
| omme État indépendant) .......... 9 750 | Algérie .............................. 1 980 | Inde |
| | Costa Rica ........................... 1 850 | Mada |
| | Fidji ................................ 1 780 | Viet N |
| | Saint-Vincent ........................ 1 710 * | |
| | Thaïlande ............................ 1 570 | |
| | Cuba ................................. 1 560 * | |
| | Tunisie .............................. 1 500 | |
| | Namibie .............................. 1 460 | |
| | Jamaïque ............................. 1 380 | |
| | Paraguay ............................. 1 270 | |
| | Colombie ............................. 1 260 | |
| | Syrie ................................ 1 160 | |
| | Congo ................................ 1 120 | |
| | Vanuatu .............................. 1 100 * | |
| | Liban ................................ 1 100 * | |
| | El Salvador .......................... 1 080 | |
| | Pérou ................................ 1 070 | |

| | e | Pays moins avancés (PMA) | |
|---|---|---|---|
| | ................................. 1 050 * | Yémen ............................................. | 520 |
| | ................................. 1 030 | Mauritanie .................................... | 510 |
| d | ............................... 1 030 * | Libéria ........................................... | 500 * |
| r | ................................. 1 000 | Myanmar ....................................... | 500 * |
| minicaine | ......................... 940 | Comores ......................................... | 480 * |
| ala | .................................... 930 | Guinée ............................................ | 460 |
| un | .................................... 850 | Maldives ........................................ | 450 * |
| ie-Nouvelle-Guinée | ........ 830 | Zambie ............................................ | 420 |
| e | ...................................... 810 | Afghanistan .................................. | 400 |
| | ...................................... 770 | São-Tomé-et-Principe ................. | 400 * |
| | ...................................... 720 | Soudan ........................................... | 400 * |
| nes | ................................. 720 | Rép. centrafricaine ..................... | 390 |
| voire | .............................. 680 | Bénin .............................................. | 380 |
| ve | .................................... 650 | Haïti ............................................... | 370 |
| | ...................................... 650 | Gambie ........................................... | 340 |
| e | ...................................... 610 | Guinée équatoriale ...................... | 340 * |
| | ...................................... 610 | Niger .............................................. | 300 |
| s | ..................................... 580 | Burkina Faso ................................ | 290 |
| a | ..................................... 500 | Mali ................................................ | 280 |
| a | ..................................... 460 | Rwanda .......................................... | 270 |
| | ...................................... 410 | Malawi ........................................... | 230 |
| | ...................................... 400 | Bangladesh .................................... | 220 |
| | ...................................... 400 | Zaïre ............................................... | 220 * |
| | ...................................... 380 * | Laos ................................................ | 220 * |
| | ...................................... 340 | Tchad ............................................. | 210 |
| | ...................................... 340 | Sierra Leone ................................. | 210 |
| | ...................................... 330 | Burundi .......................................... | 210 |
| car | .................................. 210 | Bhoutan ......................................... | 180 |
| n | ..................................... 110 * | Népal .............................................. | 180 |
| | | Guinée-Bissau ............................... | 180 |
| | | Cambodge ...................................... | 170 * |
| | | Ouganda ........................................ | 170 |
| | | Éthiopie ......................................... | 120 |
| | | Somalie .......................................... | 120 * |
| | | Tanzanie ........................................ | 100 |
| | | Mozambique .................................. | 80 |
| | | Cap-Vert ........................................ | — |
| | | Djibouti ......................................... | — |
| | | Érithrée ......................................... | — |
| | | Lesotho .......................................... | — |
| | | Salomon ......................................... | — |
| | | Samoa ............................................. | — |
| | | Vanuatu ......................................... | — |

Tentons une définition descriptive. *Le secteur informel, c'est un ensemble d'unités d'intermédiation financière, de production de biens et de services et de commercialisation qui échappent à tout contrôle de l'État.* Il fonctionne en marge du système financier officiel, de la comptabilité publique, de l'impôt et de la taxation. Sa production n'est pas comptée dans le PNB ni dans le PIB. Il se passe de permis et de licence. En cas de conflit avec le secteur formel ou avec les forces de l'ordre, des accords pratiques interviennent, après les confrontations d'usage, pour redéfinir un *modus vivendi*. Et la vie reprend son cours.

Cette économie opère avec des capitaux relativement modiques, mais qui tournent très vite. Les équipements parfois rudimentaires et néanmoins ingénieux correspondent à une main-d'œuvre abondante. Cette main-d'œuvre n'est pas toujours illettrée, comme on pourrait le penser. Au contraire, de nombreux « maîtrisards », qui ne trouvent plus leur place dans l'administration publique, à cause de la crise financière et des politiques d'ajustement structurel, se sont lancés dans l'économie informelle comme travailleurs autonomes. Les profits qu'ils en tirent sont modestes, quoique relativement élevés par rapport au salaire moyen du pays. Aussi, on voit de plus en plus de travailleurs du secteur formel passer à l'informel.

Économes en énergie, les entreprises informelles puisent souvent leur matières premières à même les rebuts du secteur formel : vieux pneus transformés en sandales, boîtes de conserve usagées soudées bout à bout prenant la forme de tuyaux, manteaux de cuir découpés et convertis en dizaines d'étuis. Une foule de métiers y fleurit, à partir de la ferblanterie jusqu'à la remise à neuf de téléviseurs ou de réfrigérateurs. Les taxis et les camionnettes sont remplacés par des moyens de transport non mécanisés ou, comme en République dominicaine, par de petites motos.

## LE DÉVELOPPEMENT PAR L'ÉPARGNE INTÉRIEURE AU BURKINA FASO

LES GROUPEMENTS Naam ont débuté en 1967 dans la province de Yatenga au Burkina Faso, dans le but de ranimer les associations traditionnelles de partage des tâches. L'idée, à l'origine, est de permettre à la collectivité d'accumuler un surplus de production et de l'investir dans le développement communautaire.

Pendant la saison des pluies, le groupement concentre essentiellement ses activités sur les potagers, dont les produits sont vendus au marché, et sur la culture du millet, du coton, du sésame et des arachides sur les parcelles communautaires. Pendant la saison sèche, les activités sont plus principalement axées sur la fabrication du savon, la production textile, l'élevage et la construction de fours à faible consommation d'énergie. Après provision pour amortissement et constitution du capital nécessaire aux nouveaux investissements, les bénéfices sont partagés entre les membres du groupe.

Les groupements Naam organisent également diverses activités collectives, notamment le creusement de fossés, la construction de petits barrages et de réservoirs pour conserver l'eau de pluie, ainsi que l'entretien des forêts communautaires. Ces groupements encouragent également la pratique du sport et les activités culturelles et ils gèrent des programmes d'alphabétisation.

En 1989, on comptait près de 2800 groupements rassemblant au total plus de 160 000 membres. Leur devise est : « Un développement sans danger ».

PNUD, *Rapport mondial sur le développement humain, 1993,* Paris, Economica, 1993, p. 103

De tous les côtés, le secteur informel recoupe ou déplace le secteur formel. Il utilise bien entendu les billets de banque officiels pour ses transactions, à moins qu'il n'emprunte diverses formes de troc. La notion d'« économie traditionnelle » établissait une ligne de démarcation entre l'économie moderne urbaine et l'économie rurale traditionnelle, peu productive. Avec la progression du secteur informel, la frontière passe aussi à travers la ville. Cependant, la délimitation du formel et de l'informel n'est jamais tranchée. Au Burkina Faso, par exemple, où le secteur informel emploie 70 % de la main-d'œuvre urbaine, 59 « associations d'informels » regroupant plus de 100 000 personnes ont déposé leurs statuts au ministère de l'Administration du territoire [10]. Quant aux deux secteurs non officiels, l'informel et le traditionnel, ils se rejoignent et se complètent à bien des égards, à commencer par leurs effectifs qui se promènent volontiers de l'un à l'autre.

## L'essor de l'épargne informelle

Le secteur informel constitue en soi un véritable circuit économique intégré, en quelque sorte, à la base. Salaires, produits et prix sont fixés par rapport à la clientèle. La commercialisation, également informelle, pousse des pointes en direction du secteur formel ; une sorte d'exportation interne qui apporte des devises dans le circuit. Les capitaux sont recueillis surtout de l'intérieur par des techniques originales de mobilisation de l'épargne et ne dédaignent pas, une fois consolidés, d'utiliser les canaux bancaires.

---

10. *In Marchés tropicaux et méditerranéens,* 19 février 1993, p. 499.

Le système de cueillette de l'épargne informelle est constitué d'un ensemble très varié de pratiques et de techniques, d'associations et d'institutions de toutes sortes. À la base de cet ensemble se trouve la tontine ou son équivalent que l'on décrira plus en détail au chapitre suivant.

Dans le secteur rural dit traditionnel, c'est le système coopératif qui semble le plus prometteur, pour autant qu'il se rapproche des méthodes conviviales des tontines. Il a déjà commencé à ébranler le monopole des banques de développement qui ont prouvé leur inefficacité. Le crédit rural et agricole est de plus en plus assuré par des caisses locales de solidarité, dirigées par des associations paysannes [11].

La Société de développement internationale Desjardins (SDID), partant de son expérience de plus de deux décennies dans le Tiers Monde rural, conclut que les coopératives d'épargne et de crédit « ont effectivement montré qu'il est possible de s'organiser en dehors de l'initiative de l'État et qu'une épargne paysanne non négligeable pouvait être collectée [12] ».

Pendant des années, les économistes du développement ont considéré les divers instruments de collecte de l'épargne populaire comme des institutions archaïques ou artisanales appelées à disparaître avec l'avènement de l'économie moderne et du système bancaire occidental. Le contraire s'est produit. Depuis la crise de l'endettement, ils ont pris un essor exceptionnel, au point de dépasser, dans bien des

---

11. Voir Dominique Gentil et Yves Fournier, *Les paysans peuvent-ils devenir banquiers ? Épargne et crédit en Afrique,* Paris, Syros/ Alternatives, 1993.

12. Pierre Giguère, dir., *Démarrage d'une coopérative d'épargne et de crédit, Guide pratique,* Lévis, SDID/ACCT, 1993, p. 3.

pays, la performance des banques. Un quotidien américain, l'*International Herald Tribune*, titrait un de ses reportages en Afrique, en 1989 : « Les tontines font mieux que les banques ».

## Un cas type : l'épargne au Cameroun

Des études ont établi que 47,3 % de la population camerounaise, y compris l'ethnie bamilékée, prend part à au moins une tontine. La moyenne de cotisation est de 850 F CFA par semaine (environ 3,50 $, avant la dévaluation de janvier 1994). Chez la classe moyenne (cadres intermédiaires, professeurs, fonctionnaires et... employés de banque), la participation à cette forme d'épargne est de 50 %. Le mouvement est si tenace qu'un banquier de Douala devait se plaindre avec amertume à un expert international : « Nos coffres sont vides, les tontines ayant drainé tout l'argent en dehors du système bancaire [13] ». Les banquiers du Cameroun estimaient, en 1990, que les tontines mobilisaient 140 milliards de F CFA (environ 700 millions de dollars) chaque année, soit le quart du budget de l'État [14].

Il existe, au Cameroun, les tontines ordinaires pour acheter un outil, un appareil ménager, payer un enterrement. Mais les plus importantes sont les tontines d'affaires qui regroupent des entrepreneurs, des commerçants, des artisans, hommes et femmes. Dans beaucoup de cas, les cotisations mensuelles équivalent à un mois de salaire d'un

---

13. Moïse Nzemen, « Les tontines », *in Actualités tertiaires,* n° 5, mars-avril-juin 1989, Abidjan.

14. Voir Philippe Gaillard, « Affaires de femmes », *in Jeune Afrique Plus,* n° 9, novembre-décembre 1990, p. 71.

cadre supérieur, soit environ 1000 $ par mois. Au moins une cinquantaine de ces tontines d'affaires prospèrent à Douala et à Yaoundé.

> Un exemple d'une tontine d'affaires est la tontine *Ajustement des affaires* qui se tient à Douala entre 21 membres, avec un taux de cotisation mensuel de 5 000 000 F CFA [20 000 $] donnant une valeur de 105 000 000 de F CFA. Les membres de cette tontine sont dans divers secteurs d'activités dont 75 % dans le secteur commercial import-export [15].

C'est la pratique des tontines qui a conduit Françoise Foning à créer le Groupement des femmes d'affaires camerounaises (GFAC) qui compte 300 *businesswomen*. De tontine en tontine, cette mère de six enfants en est arrivée à diriger 12 entreprises qui emploient 600 personnes. Elle a débuté comme simple fonctionnaire dans le domaine du tourisme. « Pendant trois ans, elle fit fructifier ses économies dans une tontine, puis elle acheta une voiture d'occasion qu'elle convertit en taxi. Revenus du taxi et nouvelle tontine lui permirent d'ouvrir un restaurant populaire. [Puis] une carrière de sable et de graviers [16]. »

Les femmes d'affaires du Cameroun n'attendent rien de l'aide internationale. Dans toute l'Afrique de l'Ouest, le gros du commerce, en particulier le commerce vivrier, est aujourd'hui entre les mains des femmes. Elles y détiennent les clés de la survie [17].

---

15. Moïse Nzemen, *ibid.*

16. Philippe Gaillard, *ibid.,* p. 70.

17. Voir Catherine Coquery-Vidrovitch, *op. cit.*

## Un rôle précurseur

Né de la nécessité et mû par un instinct incoercible de survie, le secteur informel pourrait bien être le terreau d'une nouvelle forme de développement. Peut-être s'inscrit-il dans un processus de lente transformation des structures anciennes alliée à l'introduction de technologies nouvelles adaptées et maîtrisées. Retenons cette fine remarque d'un observateur du terrain : « L'informel joue un rôle essentiel en permettant aux sociétés de *prendre le temps* d'évoluer à leur rythme, dans leur très grande diversité [18]. »

Le Péruvien Hernando de Soto va jusqu'à écrire que le phénomène de l'« informalité » « est sans doute la plus importante rébellion contre le *statu quo* de l'histoire du Pérou depuis l'indépendance [19] ».

Quant à l'épargne informelle, non seulement comble-t-elle un vide causé par l'inadaptation du système financier officiel aux besoins des populations, mais elle prépare de nouvelles formes d'accumulation du capital fondées sur la solidarité et la coopération. De Soto voit volontiers dans la mobilisation de l'épargne volontaire la seule solution au problème de la dette extérieure. Comment cela se fera-t-il ? L'Histoire nous enseigne qu'en temps de crise, on peut faire confiance à l'ingéniosité des peuples, alors acculés à la créativité.

Ce chapitre a voulu attirer l'attention sur le fait que l'épargne réelle existe partout dans le Tiers Monde et qu'elle

---

18. Marc Penouil, « Les activités informelles : réalités méconnues, espérances illusoires ? », *in Économie et humanisme,* juillet-septembre 1990.

19. De Soto, *op. cit.,* p. 21.

existe en quantité suffisante pour amorcer un développement à échelle humaine, capable de répondre aux besoins des intéressés. Un survol aussi rapide ne peut être qu'indicatif. Ce qu'il importe avant tout de retenir, c'est que non seulement l'épargne existe dans tous les pays sous-développés, mais que l'on y trouve également des comportements d'épargne sur lesquels on peut tabler pour l'avenir.

# CHAPITRE 9

# La mobilisation
# de l'épargne populaire

L'EXISTENCE D'UN POTENTIEL considérable d'épargne réelle étant acquise, il reste à se demander s'il existe dans le Tiers Monde profond des instruments de mobilisation de l'épargne. Ces instruments, le cas échéant, constituent-ils un système efficace d'intermédiation financière ? Quelles seraient les lignes de forces de ce système ?

On trouve dans les pays sous-développés deux systèmes financiers parallèles qui s'ignorent le plus souvent, se rejoignent à l'occasion et se complètent sur certains points. Le premier est constitué par les institutions bancaires étatiques, paraétatiques et commerciales axées, on l'a vu, sur la captation des capitaux étrangers et sur l'import-export ; somptueuses et très bureaucratisées, elles dédaignent les petits dépôts et ferment leurs guichets aux petits emprunteurs. Le second, celui de l'« économie du peuple », est un système financier informel, partie prenante de l'économie informelle et traditionnelle (rurale), orienté vers la captation de la petite et de la moyenne épargne et vers le financement des entreprises artisanales, des commerces et des infrastructures adaptées à la condition modeste des intéressés.

Il s'agit d'un véritable système financier qui dispose d'instruments multiples pour mobiliser l'épargne locale jusque dans les derniers recoins de l'économie informelle. C'est la banque aux champs, la tontine dans la rue, la caisse populaire dans le village. Passons brièvement en revue quelques-uns de ces instruments parmi les plus dynamiques.

## La tontine

Connue dans toute l'Afrique de l'Ouest, la tontine existe partout dans le Tiers Monde sous diverses autres appellations et selon des formes très variées : *pasanaku* dans les pays andins, *tanda* au Mexique, *syndicate* à Belize, *gamaiyah* en Egypte, *xitique* au Mozambique, *isusu* au Nigeria, *chit fund* en Inde, *hui* en Chine [1].

Dans la littérature courante, on explique que la tontine aurait été inventée par Tonti Lorenzo, un banquier napolitain conseiller de Mazarin, vers 1650. Des chercheurs africains ont cependant démontré que le système tontinier fait partie de la culture africaine depuis des temps immémoriaux. On la retrouve, de fait, dans toutes les anciennes cultures fortement marquées par l'esprit communautaire et, sans doute, par ce « désir inné » d'assurer la sécurité future du groupe et des individus. Le mot véhiculé en

---

1. Il existe une grande quantité d'ouvrages sur le sujet. On trouvera une excellente bibliographie dans Michel Lelart, dir., *La tontine, pratique informelle d'épargne et de crédit dans les pays en voie de développement*, Paris, Ed. John Libbey Eurotext/AUPELF, 1990.

Afrique par les colonisateurs et les missionnaires français est venu s'épingler sur une réalité qui existait depuis long-temps [2].

La tontine constitue une forme simple et souple d'intermédiation financière. Un petit nombre d'individus — habituellement de six à quarante — d'un même village, d'un même quartier, d'un même bureau, forme un groupe et se choisit un responsable. Chacun des membres verse périodiquement, chaque mois ou chaque semaine, pendant un temps déterminé, une somme donnée dans une cagnotte commune. Le total de la somme est remis inté-gralement, à tour de rôle, à l'un des membres du groupe. Celui que le sort favorise au premier tour continuera de cotiser fidèlement jusqu'à la fin. Les participants peuvent donc compter chacun leur tour sur un capital qu'ils pourront investir dans un projet, une entreprise, une cons-truction domiciliaire. Très souvent, les dépôts ne rap-portent pas d'intérêt au sens occidental du terme.

Le bon fonctionnement de la tontine repose sur le res-pect de la parole donnée et l'appartenance à la commu-nauté. Le non-respect des engagements est extrêmement rare. Faillir aux obligations de la tontine, c'est la mort sociale d'un individu.

À côté de la « tontine mutuelle » qui rassemble des épargnants désireux de faire face à une dépense sociale ou à l'achat d'un article personnel ou familial, il existe la « tontine d'affaires », en pleine évolution, conçue pour des gens entreprenants dont les besoins en capitaux sont plus

---

2. Voir Henri Roche, « Nous avons dit "tontines", Des tontines Nord aux tontines Sud », dans Michel Lelart, dir., *op. cit.,* p. 7. La tontine inventée par Tonti se voulait une rente viagère constituée par un fonds commun volontaire qui est partagé, à une date fixée à l'avance, entre les survivants. Une sorte de loto.

### JUSTINE, LA VESTALE DES TONTINES AU CAMEROUN

TOUTES les envolées des femmes d'affaires — et beaucoup de celles des hommes — passent [...] par la tontine, cette épargne populaire bien connue dans toute l'Afrique, mais qui atteint des proportions extraordinaires au Cameroun.

Conseillère municipale et numéro deux du GFAC (Groupement des femmes d'affaires camerounaises), Justine Tchapda, dite de Gaulle, est la vestale des tontines. Tous les jeudis après-midi, elle préside celle qui se tient dans la miteuse permanence du parti à New Bell. Les choses sont rondement menées. D'une voix de stentor, comminatoire, Justine fait l'appel. Chacune des 50 cotisantes dépose 6000 F CFA ; cela fait 300 000 F CFA [environ 1000 $] qu'empochera celle dont le tour est venu. Malheur aux retardataires, qui devront s'acquitter, sans attendre d'y être invitées, d'une amende de 500 F CFA.

Quant à n'être ni présente ni représentée, nulle n'oserait y songer un instant : ni la maladie ni le décès n'interrompent le cours de la tontine. La sanction non écrite et non dite est parfaitement dissuasive : dans le meilleur des cas, c'est la mise au ban du milieu, la mort sociale. Mais cette discipline implacable n'exclut pas la souplesse : la cotisante qui a des problèmes graves peut bénéficier d'une dérogation et « manger » le magot avant son tour.

*In Jeune Afrique Plus,* n° 9, novembre-décembre 1990

considérables. Cette version revêt diverses formes que l'on pourrait regrouper sous trois chefs :

— *la tontine d'affaires* dont les participants sont des entre-preneurs qui doivent présenter un projet d'inves-tissement privé ou coopératif ; les dépôts exigés sont relativement élevés ;

— *la tontine de marché* qui est périodiquement mise aux enchères entre les participants ; celui qui offre le plus haut taux d'intérêt sur les dépôts emporte la cagnotte en priorité et ainsi de suite ; l'intérêt versé est chaque fois réparti entre les autres membres ;

— *la tontine commerciale* organisée par un tontinier professionnel qui recueille les mises de fonds sur la place publique ; il met ensuite la cagnotte aux enchères en se réservant une commission pour ses services, avant de redistribuer le fruit de la vente entre les participants.

Les observateurs constatent que les tontines, loin d'être en voie de disparition, « sont en pleine expansion : en Afrique, en Asie, en Amérique latine ». Ces nouvelles anciennes institutions « fonctionnent au sein même du secteur moderne, dans les villes. Elles ne sont pas l'apanage des sociétés traditionnelles ». « L'utilisation des fonds collectés concerne de plus en plus le financement des pra-tiques commerciales, voire industrielles, en tout cas non traditionnelles [3]. »

Dans un livre récent, le Congolais Célestin Mayoukou, part du cas du Congo pour mettre en lumière l'ampleur de

---

3. Jean-Louis Lespès, « Les informalités tontinières : traditions et innovations », dans M. Lelart, dir., *op. cit.*, p. 338.

la « tontinisation des économies africaines » et l'accélération du phénomène tontinier au cours de la dernière décennie [4].

Il faut souligner le rôle prépondérant des femmes dans l'organisation et la direction des tontines. Partout dans le Tiers Monde, elles constituent l'avant-garde des regroupements populaires d'épargnants, contournant ainsi un système bancaire rigide, particulièrement fermé aux initiatives féminines.

## La banque traditionnelle

*La Voix du paysan,* une revue de liaison d'associations locales qui foisonnent aujourd'hui en Afrique, fait état d'une nouvelle forme de collecte de l'épargne qui s'inspire de la tontine et se répand dans plusieurs pays.

> La banque traditionnelle » ou « caisse d'épargne » est un système très simple. Il s'agit pour les membres d'une association [...] de créer une caisse commune dans laquelle chacun verse régulièrement de l'argent [...] au cours de chaque réunion. Le montant minimum à verser peut être imposé par l'association ou alors chacun est libre de verser ce qu'il veut.
>
> L'argent versé à chaque réunion est remis à un caissier principal qui le garde jusqu'à la date choisie. Aucun membre ne peut réclamer une partie ou la totalité de son argent avant la date arrêtée.
>
> À la date choisie, les membres se réunissent et font le partage de toute l'épargne obtenue. C'est ainsi que chaque membre récupère tout l'argent qu'il a versé. C'est cela que l'on appelle très souvent « casser la banque » [5].

---

4. Célestin Mayoukou, *Le système des tontines en Afrique, Un système bancaire informel,* Paris, L'Harmattan, 1994.

5. *La Voix du paysan,* n° 12, Yaoundé, septembre 1991.

La banque traditionnelle n'offre aucun taux d'intérêt. Quels en sont alors les avantages pour le déposant ? Simplement de canaliser et de sécuriser un surplus relatif par un mécanisme qui correspond à un comportement d'épargne éprouvé : l'épargnant s'oblige avec et devant ses pairs à restreindre sa consommation, en bien des cas déjà frugale, pour toucher, le moment venu, le capital suffisant pour se payer le bien ou le service désiré. La démarche est collective. Ses retombées atteignent directement ou indirectement toute la communauté.

## Les banques populaires

L'inaccessibilité du système bancaire officiel ainsi que d'autres facteurs déjà signalés ont entraîné l'éclosion, depuis le milieu des années 1970, de nombreuses banques « déviantes » dont la plus célèbre est la *Grameen Bank*, au Bangladesh [6]. Spécialisée dans le « mini-crédit pour maxi-pauvreté », la *Grameen Bank* a été mise sur pied en 1976 par un jeune professeur d'économie, Muhammad Yunus. Elle a ouvert ses portes aux paysans sans terre qui ne disposaient d'aucune ressource en capital, si ce n'est un potentiel minimal d'épargne qui n'arrivait pas, jusque là, à se cristalliser collectivement en investissement productif. Le système s'est propagé dans 3000 villages où il répond aux besoins de 1,5 million d'emprunteurs dont 93 % sont des femmes. Le prêt moyen se situe autour de 60 $.

---

6. Voir David S. Gibbons, *The Grameen Reader,* Malaisie, Universiti Sains Malaysia, 1992. Aussi Clément Trudel, « Grameen, une bonne idée du Bangladesh », *in Le Devoir,* 27 mai 1993.

La Grameen contribue au rétablissement de l'autosuffisance alimentaire dans de nombreuses régions du Bangladesh.

Dans plusieurs pays — Malaisie, Indonésie, Philippines, Burkina Faso, Bolivie, Chili — des associations populaires ont commencé à imiter les méthodes de la Grameen Bank. Il s'agit de banques privées, non institutionnelles, qui fonctionnent hors des réglementations et des contrôles étatiques.

Au Rwanda, les « banques populaires » créées en 1975 réussissent à drainer l'épargne des artisans pour l'investir sous forme de petits crédits qui représentent plusieurs centaines de milliers de dollars annuellement. On compte aujourd'hui plus de 120 banques populaires dans ce pays, toutes dirigées par des conseils composés entièrement d'artisans épargnants.

> Toute la philosophie de la banque [populaire] consiste à partir non pas des techniques bancaires conçues pour une économie de type moderne, mais de la réalité de l'économie traditionnelle, telle qu'elle est. L'élément fondamental du système est le groupe de solidarité constitué librement par cinq personnes de même statut social, se cooptant entre elles. Si l'un des membres du groupe ne rembourse pas, tout le groupe est privé de crédit. La transparence des opérations discutées dans le village, devant tous les adhérents de la banque, et la pression interne du groupe garantissent le remboursement [7].

Que restera-t-il de ce mouvement lorsque la guerre civile déclenchée en avril 1994 pour le contrôle de l'appareil d'État se sera apaisée ? On peut prédire qu'il résistera à la débâcle pour autant qu'il aura été réellement géré et contrôlé à la base.

---

7. *Le Courrier ACP-CEE,* n° 117, septembre-octobre 1989, p. 70.

Une expérience chilienne n'est pas moins intéressante :

> *Contigo* [*Avec toi*] est le nom d'une banque pas comme les autres : elle ne prête qu'à des pauvres, pour la plupart habitants des bidonvilles ! Ses clients sont des *entrepreneurs exclus du système financier traditionnel* parce qu'ils n'ont pas de garanties matérielles suffisantes. [...] Inspirée du modèle de la *Grameen Bank, Contigo* exige des garanties gratuites et minimes : former un groupe de trois entrepreneurs qui doivent recevoir une formation adaptée (chiffrage du projet, gestion de l'entreprise) par un chargé de clientèle de la banque [8].

À Taïwan, les « banques » des petites et moyennes entreprises étaient, jusqu'en 1970, des « sociétés de tontines », appartenant de plain-pied au secteur informel. Intégrées au secteur formel, ces banques issues du milieu n'en continuent pas moins de fonctionner avec des fonds — 3,8 milliards de dollars — d'origine tontinière. Le marché financier parallèle représente 8 % du PNB taïwanais, soit environ 4 milliards. Ce dualisme financier dont l'État ne se formalise guère contribue fortement à maintenir le dynamisme économique de l'île [9].

## Les financières africaines

Le mouvement des « financières » africaines est né en 1980 dans le contexte de la crise économique et monétaire

---

8. *IRED-Forum,* n° 47, avril-juin 1993, p. 54.

9. Voir Thierry Pairault, « Sociétés de tontines et banques des petites et moyennes entreprises à Taiwan », dans Michel Lelart, dir., *op. cit.,* pp. 281 et ss. Aussi Abderahamane Magagi, « Taïwan : la victoire du petit dragon », *in Transactions,* UQAM, vol. XI, n° 1, septembre 1993.

que connaissait alors l'Afrique francophone. Il s'agit d'associations d'épargne collective regroupant de jeunes entrepreneurs, des cadres, des techniciens, des fonctionnaires. La méthode adoptée tient à la fois de la tontine traditionnelle (dépôts statutaires au cours de réunions périodiques) et du système coopératif moderne (une personne, une voix, un conseil d'administration, crédit direct aux membres, investissements dans des sociétés nouvelles ou existantes).

La Financière Côte d'Ivoire, la première financière africaine, a été créée en 1980 à l'appel d'un homme d'affaires, Diagne Loum. Dans un style simple et direct, il adressa une lettre à un groupe de collègues et d'amis qui se considéraient eux-mêmes comme des « militants économiques » :

> Nous avons pensé qu'entre amis de bonne volonté, nous pourrions créer une coopérative financière qui a pour objet :
>
> – d'encourager l'épargne et de permettre ou de faciliter le crédit individuel ou collectif ;
> – de gérer cette épargne ;
> – de faire fructifier les fonds qui lui sont confiés, par des placements dans des sociétés existantes, des financements ou des préfinancements de nouvelles sociétés [10].

L'appel a été entendu. Après la pionnière ivoirienne naquirent la Financière Sénégal en 1982, puis la Financière Burkina Faso en 1985. Les financières africaines s'étendent

---

10. Joseph-Roger de Benoist, « De la tontine à la banque coopérative », *in Marchés tropicaux et méditerranéens,* n° 3659, 23 décembre 1988. Voir aussi Michel Lelart, « L'épargne informelle en Afrique, Les tontines béninoises », *in Revue Tiers-Monde,* vol. XXX, n° 118, avril-juin 1989, pp. 271-298.

maintenant à une quinzaine de pays d'Afrique et tendent à s'organiser en un réseau continental.

## Les coopératives d'épargne et de crédit

Le système coopératif d'épargne et de crédit, né en Angleterre et en Allemagne au milieu du XIX$^e$ siècle, s'est répandu progressivement en Europe pour atteindre l'Amérique du Nord au tout début du XX$^e$ siècle. Les « caisses populaires » ont vu le jour en terre d'Amérique le 6 décembre 1900, à Lévis (Québec), à l'initiative d'Alphonse Desjardins. Ce n'est qu'après la fin de l'époque coloniale, au cours des décennies 1950 et 1960, que le mouvement commencera à prendre racine dans les pays du Tiers Monde où il chevauchera à la fois le secteur traditionnel et le secteur moderne, l'informel et l'officiel.

L'expérience québécoise est intéressante à plus d'un titre. La solide implantation d'un réseau financier coopératif dans ce coin de pays dont le degré de développement, au début du siècle, ne dépassait pas celui de beaucoup de pays d'Amérique latine, n'a été rendu possible que par une adaptation judicieuse du modèle européen à la mentalité du peuple québécois et aux conditions socio-économiques du continent nord-américain. Il est à noter, écrit Pierrette Cardinal, que le lancement du mouvement au Québec « n'a bénéficié d'aucune aide financière. L'aide technique a également été limitée, se bornant aux conseils

et documents écrits transmis par les coopérateurs européens [11] ».

Dans les pays du Tiers Monde, le mouvement a pris de
l'ampleur, surtout à compter des années 1970, à mesure
que devenaient patents l'échec des systèmes bancaires
nationaux et l'avidité des banques commerciales étrangères.
La Société de développement international Desjardins a
travaillé, pour sa part, à l'établissement d'institutions financières de type coopératif ou mutualiste dans de nombreux
pays d'Afrique, d'Amérique latine et d'Asie, depuis 1970.

La greffe a réussi pour autant qu'ont été respectées les
idées-forces du mouvement coopératif, mais aussi les principes fondamentaux de la tontine : convivialité, solidarité,
autodécision, autogestion, croissance alimentée par
l'épargne locale. L'expérience a échoué dans la mesure où
des éléments extérieurs —ingérence des missionnaires ou
des « coopérants », immixtion de l'État et de l'Église, injection inconsidérée de capitaux étrangers — s'y sont glissés,
perturbant la dynamique propre de la coopérative.

Pierrette Cardinal, dans son étude sur l'adaptation du
système coopératif d'épargne et de crédit au Cameroun,
note :

---

11. Pierrette Cardinal, *Le transfert d'une technologie appropriée dans
les modèles québécois et camerounais de coopératives d'épargne et
de crédit*, thèse de maîtrise présentée à l'Université de Montréal,
1992, p.178. « Au moment du décès d'Alphonse Desjardins,
en 1920, 140 caisses étaient en activité au Québec. Elles
regroupaient 30 029 sociétaires. Elles n'occupaient toutefois
qu'une position marginale dans l'ensemble des institutions
financières. En 1991, le Mouvement Desjardins regroupe
4 900 000 membres dont 19 700 dirigeants bénévoles. Avec
un actif de plus de 50 milliards de dollars, il est la plus importante
institution financière du Québec. », pp.14-15.

La théorie mise de l'avant par Bédard [12] à l'effet que l'argent froid [apport étranger] a un impact négatif dans le réseau des coopératives d'épargne et de crédit est ici vérifiée. Les prêts consentis par L'UCPY [Union des caisses populaires de Yaoundé] n'ont pas été remboursés en partie parce que les emprunteurs étaient convaincus que l'argent provenait des organismes internationaux [13].

L'actuel président et directeur général de la SDID insiste sur ce point : « Méfions-nous de l'argent « froid », celui qui vient de l'extérieur : il n'a pas été réchauffé par le travail et la discipline des gens du pays. L'argent « chaud », celui généré par l'épargne locale, semble être géré avec plus d'attention [14] ».

Après l'indépendance de l'Inde, le gouvernement de Nehru encouragea et encadra, dès les années 1950, un mouvement coopératif qui se bureaucratisa rapidement et connut finalement des résultats fort mitigés. Nehru porta lui-même un jugement sévère sur cette expérience :

Un mouvement [coopératif] promu et encadré par l'État, et dirigé par des fonctionnaires peut certes donner certains résultats positifs, — encore faut-il que l'on ait affaire à des fonctionnaires compétents. Mais le mal qui de toute façon en résulte est infini dans la mesure où il laisse peu de chance aux populations concernées d'apprendre à faire elles-mêmes les choses, de développer un esprit d'autosuffisance et d'auto-

---

12. Guy Bédard, « Argent chaud et argent froid », dans G. Renard, *La mobilisation de l'épargne locale par des institutions coopératives et son impact sur le développement local dans sept pays africains,* Genève, BIT, 1987.

13. Pierrette Cardinal, *op. cit.,* p. 178.

14. Ghislain Paradis, « Le capital humain et financier : au cœur même du développement », *in Par ailleurs,* vol. I, n° 2, mai 1994.

nomie et — pourquoi pas ? — de commettre elles-mêmes des erreurs s'il doit y en avoir [15].

En Amérique latine, la coopérative d'épargne et de crédit a déjà pris une ampleur considérable. Dans plusieurs pays, elle constitue l'instrument d'intermédiation financière privilégié pour les populations marginalisées. Bien que relativement autonome dans le cadre juridique officiel, elle en subit souvent des effets contraignants qui freinent le rythme de son épanouissement normal.

Parmi ces instruments de mobilisation de l'épargne dont il a été question plus haut, la formule coopérative est sans doute la plus prometteuse parce qu'elle rassemble ce qu'il y a de meilleur dans toutes les autres. Elle unit l'ancien et le nouveau, la force sociale de la tradition et la rigueur de la gestion moderne. Après 25 ans de terrain, les dirigeants de la SDID partagent cette conviction :

> Nous sommes hautement convaincus de la force et de la pertinence de la formule coopérative pour renforcer la démocratie et la société civile, cette partie du système économico-politique qui n'est pas animée et contrôlée par l'État, mais plutôt par les citoyens, ces forces vives de la communauté. [...]

> Dans un contexte mondial où le capital est volatile et infidèle, où l'individu risque d'être noyé par les « impératifs » commerciaux et par les détenteurs du pouvoir économique, il est de première nécessité, je dirais, de pouvoir compter sur des approches et des outils de développement et d'expression qui permettent de souligner sa spécificité et de tirer profit des règles et des possibilités du système de libre entreprise. La formule coopérative est l'un de ces outils.[...]

---

15. Cité par John G. Craig, *The Nature of Co-Operation,* Montréal, Black Rose Books, 1993, p. 136.

Tapisser un pays d'entreprises appartenant à des « nationaux » conduit au renforcement de la démocratie, assure l'équilibre des forces et forge un patrimoine national difficilement aliénable [16].

## Une intermédiation financière efficace

Le rôle d'un système financier est non seulement de collecter l'épargne, mais encore de réduire l'écart entre l'offre (le placement) et la demande (l'investissement), c'est-à-dire entre l'argent oisif et l'argent mis au travail par l'investissement productif. En d'autres mots, le rôle d'un système financier est d'opérer efficacement les transferts nécessaires entre les agents économiques qui, à un moment donné, peuvent épargner plus qu'il n'investissent et ceux qui peuvent investir plus qu'ils n'épargnent. C'est ce que l'on appelle *l'intermédiation financière*, une fonction normalement assumée par l'institution bancaire.

Dans cette perspective, le système bancaire officiel des pays du Tiers Monde, en copiant trop strictement les institutions financières du monde développé, a failli à sa mission. Il s'est révélé défaillant dans le processus de l'intermédiation financière : déficience dans la mobilisation et la sécurisation de l'épargne nationale ; tracasseries bureaucratiques à l'égard des besoins de financement des petites et moyennes entreprises ; difficultés de courtage (mise en relation positive des prêteurs et des emprunteurs) ; absence de mutualisation des risques ; incapacité de créer des marchés financiers locaux, régionaux et nationaux.

Mais la finance ayant, comme la nature, horreur du vide, les mécanismes traditionnels d'intermédiation financière se sont adaptés à une situation nouvelle en faisant

16. Ghislain Paradis, *op. cit.*

appel à l'imagination. On peut d'ores et déjà parler, écrit un analyste de l'économie sous-développée, d'un processus d'innovation financière à l'œuvre dans le Tiers Monde profond :

> Les informalités tontinières se sont largement développées, diversifiées, voire transformées et ont parfois constitué le fondement de nouvelles pratiques et institutions financières. Des banques, des organismes de financement, des mutuelles de protection sont des tontines transformées. Elles constituent dans ce sens l'amorce d'un processus d'innovation qu'il est intéressant d'étudier [17].

## Les lignes de force du système

De ces expériences de mobilisation informelle ou semi-informelle de l'épargne — la pointe d'un iceberg dans l'océan du sous-développement —, est-il permis de dégager des caractéristiques, des facteurs communs de réussite ? Qu'est-ce qui fait que ça roule ? Comment des instruments de mobilisation de l'épargne, apparemment vieillots, arrivent-ils à fonctionner, sans encadrement légal et sans support théorique, comme un véritable système d'inter-médiation financière ?

Une première réflexion permet de dégager non pas une théorie, mais quelques idées cohérentes qui constituent les principales lignes de force du système :

1. *Respect des comportements d'épargne* du milieu, comportements qui se retrouvent dans les institutions traditionnelles de mobilisation de l'épargne ;

---

17. Jean-Louis Lespès, *op. cit.,* p. 336.

2. *Multiplication sur le terrain des points de collecte de l'épargne,* selon le principe de la « banque aux champs », des caisses villageoises et des tontines de quartier ;

3. *Intégration de l'épargne et du crédit* dans les mêmes institutions et avec les mêmes objectifs d'accumulation, de gestion et de mise en valeur du capital ;

4. *Rémunération efficace de l'épargne,* en conformité avec les exigences et les habitudes du milieu, sous forme d'intérêts réels positifs, de services ou de valeurs sociales ;

5. *Mise en réseau progressive des ressources humaines et financières,* à l'échelon local d'abord, puis sur les plans régional, national et continental ;

6. *Réhabilitation du secteur privé comme moteur du progrès socio-économique* : les gouvernements ayant démontré leur incapacité d'assumer et de gérer les intérêts des populations, tant dans le Tiers Monde que dans les pays de l'ex-bloc socialiste, tout au plus doit-on souhaiter, là où la chose est possible, une intervention limitée de l'État pour assurer un cadre juridique minimal ;

7. *Priorisation de la formule coopérative ou mutualiste* qui renforce les valeurs de mise en commun dans un contexte de rareté des ressources humaines et financières, et constitue l'unique rempart efficace contre la fuite des capitaux. « La coopération a le grand mérite de créer des entreprises inaliénables [18]. »

Ces instruments populaires de mobilisation de l'épargne et de distribution du crédit ne sont certes pas exempts de limitation. Leur force, de Taïwan au Burkina Faso en

---

18. Claude Béland, *in RND,* n° 7, juillet-août 1992, p. 22.

passant par le Chili, est de coller étroitement au terrain, de s'adapter et d'innover. Ils se rapprochent des agents économiques de façon beaucoup plus efficace que les institutions financières officielles. S'ils n'impressionnent pas par des bureaux élégants et des effectifs pléthoriques, ils contribuent largement à assurer la subsistance et l'épanouissement, dans la dignité, de centaines de millions de gens.

Démentant les experts de l'aide et de l'endettement extérieurs, les populations du Tiers Monde profond sont en train de se donner des outils adaptés et efficaces de gestion de l'épargne. On avait cru, au cours des années 1970 et 1980, que ces « institutions » représentaient des vestiges d'un autre âge appelés à disparaître sous la pression d'une modernité en progression. Ne sont-elles pas plutôt le terreau d'une nouvelle dynamique économique et sociale qui couve sous la croûte d'un développement importé et sans base sociale véritable ?

# CHAPITRE 10

# L'investissement productif de l'épargne

LE THÈME de l'investissement productif constitue un corollaire obligé de toute réflexion sur l'épargne. Les deux notions sont étroitement liées au point que certains économistes les confondent. Les mêmes facteurs qui agissent sur la mobilisation de l'épargne influent sur les décisions d'investissement. À cet égard, la question du choix des priorités dans l'investissement de l'épargne collective revêt une importance primordiale tant pour l'épargnant que pour l'investisseur. De ce choix dépend l'évolution du processus d'accumulation du capital qui peut soit faire long feu, soit lancer la communauté concernée sur la voie du progrès autoentretenu.

Là où existe une vision du développement à l'échelle d'une région ou d'un pays, vers quel secteur faut-il en priorité orienter cette épargne ? Voilà la question classique qui ressurgit : le développement commence-t-il par l'industrie ou par l'agriculture ? Par l'agriculture vivrière ou par l'agriculture d'exportation ? Escamotées, esquivées, galvaudées et maintes fois refoulées sous le tapis par les experts de l'aide internationale, ces interrogations refont surface avec une ténacité qui les rend inéluctables. Car les leçons de l'Histoire sont sur ce point d'une constance indéniable.

## Le point de départ historique

De la révolution néolithique à la révolution chinoise, en passant par la révolution industrielle, l'agriculture vivrière a toujours constitué la base et le point de départ de tous les progrès économiques, technologiques et sociaux. Les révolutions technico-artisanales ou technico-industrielles ont toujours été précédées de révolutions agricoles.

Le premier « décollage » technologique de l'histoire humaine s'est produit, il y a environ 10 000 ans, avec l'invention de l'agriculture, alors que nos ancêtres apprirent à domestiquer les animaux et découvrirent les secrets de la germination. Ces techniques permirent de dégager un *surplus durable* dans la production de denrées alimentaires. À partir de ce moment, une partie de la population active a pu se consacrer à d'autres tâches que le ravitaillement de subsistance au jour le jour, ce qui a conduit à l'apparition de métiers nouveaux pour la fabrication d'équipement agricole et la conservation des aliments : fonderie, menuiserie, tissage, poterie, vannerie et une multitude d'autres opérations auxiliaires qui exigeaient un apprentissage. On assista peu à peu à une certaine spécialisation du travail et à la naissance des villes. La vie urbaine favorisa à son tour un développement intellectuel et technique d'où sont nées les civilisations de l'Antiquité et la nôtre.

Le surplus agricole demeura relativement faible et sporadique pendant quelques milliers d'années. La caravane humaine cheminait alors lentement. Les grandes explorations qui conduisirent à la découverte de l'Amérique s'inscrivaient, ne l'oublions pas, dans cette hantise millénaire de notre espèce d'assurer sa sécurité alimentaire ; par la pêche, certes, mais aussi par la recherche de nouvelles méthodes de conservation des aliments. L'objectif était « la route des épices ». La découverte s'avéra plus importante. On connaît la fabuleuse contribution de l'Amérique, en or et en argent, à la circulation monétaire en Europe, mais l'Histoire néglige trop souvent son apport beaucoup plus durable au régime alimentaire de l'humanité par l'ajout d'une quarantaine de nouvelles denrées à rendement élevé comme le maïs, la pomme de terre, le haricot, la courge, la tomate, pour ne nommer que les plus connues. Cet apport, soit dit en passant, contribua fortement à la révolution agricole qui précéda la révolution industrielle européenne.

## Pas de révolution industrielle sans révolution agricole

Avant le XVIIIᵉ siècle, relate Paul Bairoch, un des meilleurs historiens du démarrage économique des sociétés, le surplus agricole ne dépassait « que de 20 à 30 % la consommation de son unité familiale ». Tant que la productivité ne parvenait pas à franchir ce cap, « il était matériellement impossible de concevoir des progrès continus du développement économique et même des civilisations, et encore moins une accélération des progrès scientifiques et techniques [1] ».

Survinrent alors, après un long processus d'accumulation technologique, des changements profonds qui bouleversèrent l'agriculture européenne : rotation des

---

1. Paul Bairoch, *op. cit.*, pp. 28 et 29.

cultures, sélection des semences et des reproducteurs animaux, outillages plus perfectionnés, cultures nouvelles — trèfle, pomme de terre, colza, maïs, haricot, rave —, remplacement du bœuf par le cheval. Ces innovations se propagèrent en Angleterre dès le début du XVIII<sup>e</sup> siècle. Elles apparurent en France 50 ans plus tard. Au Japon, vers 1860.

> L'augmentation de la productivité qui a résulté de ces changements a conduit, en l'espace de 40 à 60 ans, au passage d'un surplus moyen de l'ordre de 5 % à un excédent supérieur à 50 %, dépassant ainsi — pour la première fois dans l'histoire de l'humanité — ce que l'on pourrait appeler le seuil potentiellement dégagé des risques de famines, c'est-à-dire le seuil à partir duquel une récolte très mauvaise n'entraîne plus, comme auparavant, soit une forte disette, soit une famine. La révolution agricole — et c'est à juste titre qu'on a donné cette appellation à ces changements profonds dans la vie rurale —, en faisant sauter ce verrou, en brisant ce goulot d'étranglement, allait déclencher la révolution industrielle [2].

*Notons que les pays aujourd'hui industrialisés ont tous eu recours au protectionnisme pour laisser à leur agriculture le temps de consolider ses avances et de produire ses fruits financiers, technologiques et sociaux.* Ils n'ont ouvert la porte aux produits alimentaires étrangers, de façon appréciable, que 50 ans, ou même plus, après la période du démarrage industriel. En Angleterre, les *Lois sur le maïs* (*Corn Laws*) protégeant l'agriculture locale n'ont été abrogées qu'en 1846. La Belgique n'a initié ses importations de denrées alimentaires que vers 1870, l'Allemagne, vers 1890 et le Japon, vers 1925. Ce protectionnisme de bon aloi permit tout d'abord à ces pays de se nourrir eux-mêmes,

---

2. *Ibid.*, pp. 29-30.

d'accumuler ensuite un surplus financier et une maîtrise technologique et de créer, enfin, une demande solvable dans une partie importante de la population, le secteur rural.

Car, il faut le rappeler, à la veille de la révolution industrielle en Europe, les agriculteurs représentaient de 75 à 85 % de la population active. On observait à peu près la même structure démographique dans la plupart des pays du Tiers Monde avant que le mirage de l'industrialisation rapide et du développement ne vienne provoquer ce terrible exode rural qui lança à l'assaut des villes des millions de paysans attirés par une modernisation qui n'a pas tenu ses promesses.

## En Chine : « l'agriculture comme base »

La République populaire de Chine est proclamée le 1er octobre 1949, alors que commence à se mettre en branle la croisade de l'aide au développement. La conjoncture historique et, sans doute, la sagesse d'une culture plusieurs fois millénaire mettront ce pays, alors un des plus pauvres de la planète, à l'abri de cette équipée. Son orientation radicalement socialiste la sauvera de l'assistance capitaliste.

Dès l'avènement de la nouvelle République, la terre, jusqu'alors possédée à 80 % par les grands propriétaires fonciers, est attribuée aux paysans qui se mobilisent pour tirer du sol leur subsistance et améliorer leur qualité de vie. Organisés en « équipes d'aide mutuelle », en « coopératives semi-socialistes » et en « brigades de production », ces va-nu-pieds provoquent ce que René Dumont considère comme « le plus grand bouleversement rural de l'histoire de l'humanité [3] ». Ces formes d'organisation et de mobilisation s'inspireront des modes de production solidaire qu'avaient connus les anciens hameaux chinois.

En même temps qu'ils promulguent la réforme agraire, les nouveaux dirigeants édictent une mesure qui s'avère non moins révolutionnaire : celle de l'émancipation de la femme. Le nouveau *Code du mariage et de la famille* délie la femme chinoise de toutes les servitudes antiques et la fait participer de plain-pied à la vie économique, sociale et politique du pays. Une législation si contraire aux mentalités et aux coutumes ancestrales suscite une vive opposition dans l'élite chinoise, alors reconnue comme l'une des plus machistes au monde. Inflexible, Mao réplique à ses détracteurs : « Les femmes portent la moitié de la voûte céleste ». La *Longue Marche* à travers les campagnes et les villes chinoises avait appris au Grand Timonier que, sans le concours actif et entier des femmes, la révolution était vouée à l'échec.

Au début des années 1950, le grand frère soviétique tente d'imposer sa tutelle par le truchement d'un programme d'aide à l'industrialisation. En 1953, un premier plan quinquennal est élaboré sous les auspices de l'URSS qui impose son modèle de développement fondé sur l'industrie lourde. Des équipes de techniciens soviétiques installent en Mandchourie et dans la Chine du Nord des usines clé-en-main. Dès 1960, des divergences d'intérêts, sous le couvert de disputes idéologiques, amènent les autorités chinoises à remercier l'Union soviétique et à renvoyer tous ses experts qui, en guise de représailles, emportent avec eux une bonne partie de l'équipement nécessaire au fonctionnement des usines.

---

3. Cité par Jean-Paul Besset, *René Dumont, une vie saisie par l'écologie*, Stock, Paris, 1992, p. 152.

Après cet échec, les autorités chinoises décident d'accorder la priorité à l'agriculture et à la classe paysanne. Elles lancent le mot d'ordre : « Prendre l'agriculture comme base, l'industrie pour facteur dirigeant ». Ce qui signifie que l'industrialisation demeure un objectif, mais à long terme. L'agriculture devient la grande priorité, cependant que la nouvelle politique industrielle vise à doter toutes les régions d'équipement de base : petits hauts fourneaux, ateliers communaux pour la fabrication de machines agricoles, industries de conservation des aliments, raffinage du pétrole avec la technologie du bord. Cette politique a certes connu des avatars, mais il reste que, selon les estimations mêmes de la Banque mondiale, elle a porté des fruits à moyen et à long termes. Les petites entreprises des régions rurales « représentent actuellement le tiers des exportations de la Chine et le quart de sa production industrielle [4] ».

La Chine a poursuivi ainsi pendant trois décennies un développement agricole indépendant et pratiquement autosuffisant, protégé du marché mondial et de l'aide alimentaire qui auraient pu, l'un et l'autre, la faire dévier de cet objectif. Elle ne s'est ouverte aux relations commerciales internationales qu'au cours des années 1980, intégrant peu à peu des produits et des techniques venus d'ailleurs. Elle a su, à l'instar des pays développés, préparer sa révolution industrielle par une révolution agricole. Ce faisant, elle a réussi d'abord à nourrir son monde sans mendier et à produire un surplus immédiatement investi dans des équipements légers, puis dans une industrie de plus en plus dynamique qui ne cesse d'étonner le monde.

---

4. Ernest Stern, « Développement : une Chine très éveillée », *in Jeune Afrique*, n° 1757, 14 septembre 1994. M. Stern est l'un des quatre directeurs généraux de la Banque mondiale.

« Tout cela est, à la lettre, phénoménal », de s'exclamer un haut dirigeant de la Banque mondiale, Ernest Stern, qui ne peut être soupçonné de sympathies socialistes :

> L'économie chinoise a connu depuis 1978 un taux de croissance annuel moyen de 9 %. Le revenu par tête a doublé entre 1977 et 1987. Il avait fallu environ cinquante ans aux États-Unis et trente-cinq ans au Japon pour aboutir à de tels résultats. [...]
>
> Dès le départ, cependant, les dirigeants chinois ont considéré que le développement ne pouvait pas être mesuré seulement en termes financiers. L'amélioration de la qualité de vie de la population était à leurs yeux une priorité.
>
> Les progrès ont été spectaculaires au cours de la dernière génération. L'espérance de vie a doublé [de 41 ans en 1950 à 70,5 en 1993]. La mortalité infantile a reculé de 75 %, et l'analphabétisme adulte de près des deux tiers. Depuis 1978, 170 millions de personnes ont été sorties de la pauvreté absolue [5].

Un miracle ? S'il en est un, c'est celui pour la Chine d'avoir échappé aux croisés de l'aide extérieure et du surendettement. Ce n'est ni la doctrine communiste ni l'idéologie développementiste qui ont fait décoller la Chine, mais tout simplement les bras des paysannes et des paysans soucieux de se nourrir à l'aide du seul capital disponible sur place : la terre et le patrimoine technologique chinois. Aussi, malgré un PNB par habitant apparemment faible — 370 $ en 1991 —, selon les chiffres toujours relatifs des Nations Unies, la Chine est l'un des très rares pays du Tiers Monde à mériter l'appellation de *pays en voie de développement*.

---

5. *Ibid.*

Mais que l'on y prenne garde ! Cet heureux départ ne garantit nullement un développement réussi à plus long terme. L'exemple chinois prouve seulement que l'auto-développement est possible. La Chine a su éviter la pire des calamités : la dépendance et l'asservissement. À partir de là, sa population a la possibilité de continuer à œuvrer pour l'édification d'une société plus égalitaire et plus démocratique. Si ses dirigeants n'ont d'autre vision que de concurrencer l'Occident dans la croissance à l'infini, ni la planète ni les Chinois ne pourront le supporter.

## Taïwan : un cas exemplaire

Sans constituer un modèle, Taïwan demeure un cas exemplaire de « décollage » à partir d'une situation de sous-développement. « Un sans-faute économique », constatera René Dumont après une tournée d'évaluation dans l'île en 1986 [6].

Rien de plus terre à terre que le « miracle taïwanais » ; son secret réside dans l'agriculture vivrière et l'épargne des ménages. Et, faut-il ajouter, une conjoncture géopolitique exceptionnelle dont la nation a su profiter. Au début des années 1950, une révolte populaire oblige l'élite venue du continent à effectuer une réforme agraire profonde qui améliore considérablement le sort de la paysannerie. Le taux annuel moyen de croissance de la production agricole se maintient alors à plus de 5 % pendant une bonne quinzaine d'années. La hausse de revenu qui en résulte pour les agriculteurs leur permet d'investir dans des ateliers familiaux et de petites industries qui se mettent à foisonner dans tous les villages.

---

6. Voir René Dumont et Charlotte Paquet, *Taïwan, le prix de la réussite,* Paris, La Découverte, 1986.

D'où le rapide démarrage d'une industrialisation, cette fois à dominante rurale, et non plus à dominante urbaine, comme au temps [de la colonisation] des Japonais — ou comme, encore, en Corée du Sud. La paysannerie qui se modernisait avait besoin des fournitures de certaines industries, ainsi appelées à se développer : c'est l'intégration agriculture-industrie qui fait encore défaut partout où l'agriculture stagne, comme en Afrique. Une paysannerie moins pauvre achetait plus... comme en Angleterre à la fin du XVIIIᵉ siècle. [...]

Après avoir travaillé le plus intensément possible et avoir multiplié le nombre de récoltes, il devenait absolument indispensable que le paysan trouvât aussi du travail non agricole, de préférence au village, ou dans le bourg proche, pour ne pas disloquer trop vite les « grandes familles » traditionnelles qui commençaient à se fragmenter [7].

Ce modèle de développement a su prévenir l'exode rural et éviter l'urbanisation sauvage, deux phénomènes qui ont conduit à l'apparition de villes monstres comme Mexico, São Paulo, Calcutta ou Lagos pour ne nommer que les plus connues. Il est aussi relativement égalitaire. Contrairement à ce qui se passe au Brésil où l'endettement et les réformes économiques exigées par le FMI frappent des dizaines de millions de pauvres et engendrent des inégalités croissantes, à Taïwan le progrès économique tend à atténuer les inégalités sociales. En 1950, l'écart de revenu entre riches et pauvres était de 15 à 1. En 1986, il s'est rétréci de 5 à 1. Au Brésil, le fossé qui était, en 1950, de 17 à 1 passe, en 1986, de 33 à 1 [8]. Et la situation continue de s'y aggraver.

---

7. *Ibid.*, p. 27.

8. *Ibid.*, p. 153.

Notons en passant que Taïwan ne s'est jamais soumise aux *Programmes d'ajustement structurel* du FMI ni aux diktats de la Banque mondiale.

## La calamité de l'aide alimentaire

En 1954, les États-Unis sont aux prises avec un énorme surplus de produits alimentaires qu'ils n'arrivent pas à écouler ni sur le marché domestique ni sur les marchés mondiaux. Ce problème amène le gouvernement d'Eisenhower à ouvrir un créneau « novateur » dans son programme d'assistance aux pays sous-développés : l'aide alimentaire. La célèbre *Loi 480* votée cette année-là par le Congrès s'est avérée néfaste pour les cultures vivrières du Tiers Monde.

L'aide alimentaire distribuée gratuitement et de façon indiscriminée contribue de multiples façons à faire régresser l'agriculture vivrière dans les pays « bénéficiaires ». Son effet immédiat est d'entraîner la chute des prix des denrées produites localement. Cette détérioration du marché décourage les paysans d'accroître leur production et les oblige à se tourner plutôt vers les cultures d'exportation ou à quitter la campagne pour s'agglutiner dans les villes.

L'attrait de cette nourriture venue d'ailleurs modifie rapidement les habitudes alimentaires de populations entières qui ne connaissent ni la farine de blé, ni le lait en poudre, ni la viande en conserve.

L'aide alimentaire survient comme un facteur supplémentaire de corruption des élites qui l'accaparent très souvent à leur profit pour la revendre sur les marchés locaux ou s'attirer une clientèle politique.

### L'IMPASSE DE L'AIDE ALIMENTAIRE AU MOZAMBIQUE

SE DEMANDER si les milliards de dollars de l'aide occidentale destinée à l'Afrique jouent un rôle positif ou négatif peut sembler absurde à ceux qui voient mourir des enfants sur leurs écrans de télévision. [...]

Mercedes Sayagues, responsable de l'information du Programme alimentaire mondial (PAM), est de ceux qui croient que l'*aide prolonge les guerres et entraîne une dépendance.* Elle pense que, dans certains cas, l'aide permet aux parties en conflit de se décharger de la responsabilité de nourrir la population dans leurs zones d'influence, et laisse aux belligérants la possibilité d'utiliser leurs ressources « pour d'autres dépenses ». « Nous sommes les otages de notre propre compassion », a-t-elle déclaré pendant une visite des chantiers du PAM au Mozambique, qui a traversé 16 années de guerre civile.

Depuis la fin de la guerre, le Mozambique doit combattre les effets négatifs de l'assistance alimentaire : la dépendance et une production agricole locale réduite à la portion congrue.

Autre conséquence néfaste : les partis politiques veulent utiliser l'aide alimentaire pour attirer les électeurs en vue des élections générales prévues à la fin du mois d'octobre prochain.

Philip Clarke, directeur du PAM au Mozambique, a déclaré qu'il faudrait attendre 20 ans avant que cesse cette dépendance. [...] Il estime que cette dépendance est due à une excessive distribution de nourriture l'an dernier, notamment de la part des organisations non gouvernementales. Les paysans n'ont rien planté et rien récolté, car ils savaient qu'il y aurait suffisamment de nourriture distribuée, affirme-t-il.

**Lawrence Bartlett**, de l'*Agence France Presse,*
« L'assistance humanitaire, obstacle au développement ? »,
*in La Presse,* 22 août 1994

On a vu dans les cas de famines récentes, notamment en Somalie, au Mozambique, au Soudan et au Rwanda, comment l'arrivée massive de nourriture fait l'objet de pillage armé. Ces milliers de sacs de farine tombés du ciel deviennent soudainement un véritable butin de guerre que se disputent des clans rivaux. Ainsi se réalise, dans le cadre même des programmes humanitaires des Nations Unies, cet avertissement prophétique qu'un caïd berbère, sous la plume de Saint-Exupéry, lançait à son fils : « Si tu veux qu'ils se haïssent, jette-leur du grain [9] ».

Mais le plus grand méfait de l'aide alimentaire est, sans contredit, de créer la dépendance et d'« amorcer la pompe des importations d'aliments », comme l'a si justement observé Paul Bairoch [10]. Ce résultat, qui n'entrait pas nécessairement dans les prévisions originelles, a été salué avec un enthousiasme candide, dès 1957, par un des sénateurs qui avaient voté la *Loi 480,* Hubert Humphrey :

> J'ai appris que les gens pouvaient devenir dépendants de nous pour la nourriture. Pour moi, c'est une bonne nouvelle parce que les gens, pour faire quoi que ce soit, doivent manger. Et si vous cherchez un moyen de rendre les gens dépendants de vous pour vous assurer leur coopération, il me semble qu'une dépendance alimentaire serait sensationnelle [11].

Les vœux du sénateur Humphrey sont comblés. La dépendance alimentaire des pays sous-développés continue d'augmenter. Pour ne parler que des céréales, les importations du Tiers Monde dans ce domaine sont passées de quelques millions de tonnes, en 1954, à 100 millions en

---

9. Antoine de Saint-Exupéry, *Citadelle,* Paris, Gallimard, Bibliothèque de la Pléiade, 1959, p. 541.

10. *Op. cit.,* pp. 286 et ss.

11. Cité par Graham Hancock, *op. cit.,* p.127.

### UNE BOURSE CÉRÉALIÈRE AUTOGÉRÉE AU NIGER

AU NIGER, les paysans ont décidé de ne compter que sur eux-mêmes. Las d'être dépendants d'une aide alimentaire fluctuante, soit trop abondante qui déstabilise alors l'équilibre des marchés agricoles, soit trop tardive, ils se sont résolus à organiser la gestion et la répartition de la production alimentaire nationale.

Les 6 et 7 novembre 1990 se tiendra ainsi à Niamey la première bourse paysanne. Soixante-trois présidents de coopératives agricoles, représentant plus de 300 000 personnes, se réuniront pour traiter de la commercialisation des céréales locales. Au sud du fleuve Niger, et tout le long de la frontière avec le Nigeria, mil, sorgho et riz poussent en abondance. Le surplus pourrit sur place ou échoit à des commerçants qui le revendent à des prix inaccessibles aux plus démunis. Pendant ce temps, à moins de 100 kilomètres de là, la famine rôde. Si les responsables de coopératives parviennent à vendre 4000 tonnes de céréales (leur objectif pour 1990), la faim pourra être épargnée à plus de 100 000 personnes pendant plusieurs mois. [...]

Le succès de cette bourse devrait reposer en grande partie sur la capacité des régions excédentaires à stocker leur production et sur la possibilité d'acheminer les céréales vers les régions déficitaires. [...]

L'État, qui ne participe pas à ce projet, approuve néanmoins l'initiative. Il ne peut que se féliciter de voir le monde paysan s'investir dans ce que l'on est en droit d'appeler une nouvelle forme de solidarité nationale.

**Geraldine Faes,**
*in Jeune Afrique économie,* nº 136, octobre 1990, p. 45

1991. Malgré certains progrès dans une vingtaine de pays, près d'un milliard de personnes souffrent de la faim dans le Tiers Monde. De ce nombre, 7 millions d'enfants meurent de malnutrition chaque année [12].

Lancée sous l'égide de firmes multinationales et financée par les fondations Ford et Rockefeller, la « révolution verte » n'a pas tenu ses promesses. En faisant appel à une technologie ultra moderne, élaborée dans les pays industrialisés, elle a amélioré les rendements dans certaines régions, mais a dépouillé des millions de familles paysannes de leurs moyens de subsistance et introduit des facteurs destructeurs de l'environnement : pesticides, herbicides, engrais chimiques, machinerie lourde, nouveaux parasites. En n'améliorant pas la demande solvable, la « révolution verte » sans réforme agraire a conduit à la dure réalité du « grenier plein, ventre vide » [13].

De leur côté, le FMI et la Banque mondiale continuent de favoriser, voire d'imposer l'agriculture d'exportation au détriment des cultures vivrières. Les pays sous-développés déficitaires en production alimentaire sont contraints, depuis de nombreuses années, d'augmenter leurs exportations de café, d'arachides, de bananes, de coton et autres produits de base afin d'obtenir les devises nécessaires au remboursement de la dette. Les trois quarts de la récolte de soja du Brésil sont exportés pour l'engraissement du bétail dans les pays riches, alors que plus de la moitié des Brésiliens demeurent soumis malgré eux à un régime d'amaigrissement. Le *Nordeste* du Brésil a dû recourir fréquemment à l'aide alimentaire internationale. C'est le

---

12. D'après le rapport de l'UNICEF, *Le Progrès des Nations 1994*.

13. Pierre Le Roy, *La Faim dans le monde,* Paris, Le Monde Éditions (coll. Marabout), 1994.

règne de l'absurdité : les mêmes bateaux qui apportent l'aide alimentaire repartent souvent chargés d'arachides, de viande, de cacao, de café et de bananes.

## Priorité à l'agriculture vivrière... et aux paysans

L'investissement le plus productif et le plus dynamisant est, en somme, celui qui tend à satisfaire les besoins fondamentaux des producteurs. *Primo vivere* : vivre d'abord. L'investissement dans l'agriculture vivrière vise la production de la vie elle-même : aliments, vêtements, abri, dignité. La satisfaction de ces premiers besoins a un effet stimulant sur les individus, sur la collectivité et sur toute l'économie.

De plus, l'agriculture vivrière, contrairement à l'agriculture d'exportation, permet aux travailleuses et aux travailleurs agricoles d'assimiler, en partant de leurs propres outils, d'autres techniques et d'en créer de nouvelles. C'est la *maîtrise de la filière technologique*, sans quoi il n'y a pas de progrès autoentretenu possible.

Enfin, l'agriculture vivrière donne aux ménages la possibilité de dégager *un surplus* pour l'investissement dans l'artisanat, la micro-industrie ou le commerce qui ont tendance, suivant ce modèle, à se développer dans les villages pour satisfaire la demande rurale. En augmentant le revenu des producteurs, elle permet de créer *une demande solvable* pour l'écoulement des produits d'une industrie naissante.

Dans la plupart des pays sous-développés, l'agriculture vivrière devrait demeurer la *principale source d'emplois* pour longtemps encore. Elle seule peut assurer un minimum vital à l'ensemble de la population, sous réserve de pouvoir se protéger contre l'échange inégal.

Ces réflexions sur l'agriculture vivrière comme lieu prioritaire d'investissement de l'épargne ne doivent pas faire oublier que la paysannerie évolue au cœur d'un ensemble plus vaste : le milieu rural. Celui-ci rejoint par ses producteurs et ses commerçants le secteur informel urbain pour former une sorte de circuit socio-économique ruralo-informel.

En ce sens, si l'on parle d'investissement productif dans l'agriculture vivrière, il faut étendre le crédit à toutes les activités de la campagne pour favoriser un développement rural intégré.

# CHAPITRE 11

# Épargne et démocratie

ON A FAIT le constat, au chapitre 5, d'un phénomène particulier à notre époque : l'apparition dans les pays sous-développés d'une classe dirigeante dont le pouvoir économique, social et politique repose en grande partie sur l'« aide » extérieure. Une véritable *aidocratie* entretenue par la « coopération internationale » sous toutes ses formes, y compris par l'endettement. À y regarder de plus près, on comprend comment l'autoritarisme étatique, la prévarication et l'enrichissement fabuleux des élites, loin d'être des aberrations sociopolitiques, s'inscrivent dans la logique d'un système économique global.

Curieusement, les institutions prêteuses, notamment le FMI et la Banque mondiale qui ont bâti et encouragé ce système, viennent tout juste de découvrir les méfaits de l'autoritarisme politique et prêchent désormais la démocratie : pas de développement sans démocratisation. Cette prise de conscience tardive tend à désigner le déficit démocratique du Tiers Monde comme la cause de l'échec des multiples stratégies de développement prescrites par ces mêmes organismes.

La dure réalité vient plutôt confirmer l'hypothèse contraire : pas de démocratisation sans développement. Mais alors, on ne parle plus du même développement. Il y a le « développement international » conçu à l'étranger par les technocrates de l'aide et dont le financement et la réalisation passent par l'État. Et il y a l'autodéveloppement qui commence au ras des communautés par la mise en commun de ressources locales et par la gestion de ce précieux patrimoine appelé l'*épargne*.

Avant d'examiner ce lien potentiel entre la gestion de l'épargne et le processus démocratique, posons d'abord la question de façon plus générale. Quel est le rapport entre le développement économique et la démocratie politique ? Celle-ci doit-elle précéder celui-là ou serait-ce l'inverse ?

## De la démocratie économique à la démocratie politique

Béchir Ben Yahmed, directeur général de *Jeune Afrique*, répond à cette question dans un éditorial percutant :

> Il y a encore des politiciens et même des économistes qui soutiennent que c'est la démocratie qui précède le développement et y conduit. Une telle position relève de la déclaration de foi, de la prise de position idéologique. L'histoire du développement (y inclus celui de l'Europe au XIX$^e$ siècle) et ce qui se passe sous nos yeux en Europe, en Asie et en Afrique démontrent le contraire. Et je m'étonne qu'on puisse encore douter que c'est par le développement économique qu'on accède le plus sûrement et en peu de décennies à une démocratie irréversible [1].

---

1. Béchir Ben Yahmed, « La charrue et les bœufs », *in Jeune Afrique*, n° 1682, 1-7 avril 1993.

En Europe, la démocratie est venue couronner dans chacun des pays — lesquels ont d'ailleurs évolué à leur propre rythme — un long processus d'accumulation économique et technologique dans l'agriculture et dans l'industrie. Lorsque le Japon entreprend à son tour sa révolution industrielle, vers 1860, plus d'un siècle après le décollage européen, il en retient les leçons. Les Japonais misent alors sur « les structures et les solidarités traditionnelles de la société » pour bâtir, à partir de l'agriculture, une base économique solide, ce qui les conduit peu à peu à une forme de gouvernement démocratique [2].

Prenons encore le cas de l'unification de l'Europe de l'Ouest. Diverses initiatives sont tentées dès la fin de la guerre pour créer une Europe politique. On voit naître, en 1949, le Conseil de l'Europe qui demeure un organisme vide. On comprend alors que l'union européenne ne peut être fondée que sur la réalité la plus évidente, celle des intérêts économiques. Ainsi naissent la Communauté européenne du charbon et de l'acier en 1950, puis la Communauté économique européenne en 1957. Les institutions politiques fonctionnelles, toujours embryonnaires d'ailleurs, ne commenceront à apparaître que beaucoup plus tard.

On vante le génie réformateur de Gorbatchev. On devrait plutôt voir en lui un très mauvais improvisateur qui n'a pas eu la clairvoyance de procéder à une refonte du système économique avant de lancer sa réforme politique. Il lui aurait fallu remettre peu à peu la gestion de l'économie à des institutions privées et à des associations libres, avant de déclencher des changements politiques qui n'avaient pas d'assises dans les pratiques socio-économiques

---

2. Georges Corm, *op. cit.,* p. 89.

du moment. Il a mis la charrue avant les bœufs : une erreur aux effets terrifiants. On assiste aujourd'hui à une certaine forme de « tiers-mondisation » de l'ex-URSS. En Russie notamment, la classe politique se spécialise de plus en plus dans le quémandage de l'aide extérieure. Une véritable aidocratie, autoritaire et prévaricatrice commence à se manifester [3].

Le vent de démocratisation qui a soufflé sur l'Afrique, au début des années 1990, venait d'en bas, non d'en haut. Un vent renforcé par les bourrasques de rébellions populaires qui, au même moment, emportaient les gouvernements totalitaires des pays de l'Est. Ce qui a ébranlé quelque peu les vieilles dictatures africaines branchées sur l'aide internationale, c'est l'émergence de mouvements, d'associations et de groupes de pressions socio-économiques qui n'ont cessé de se multiplier, au cours de la décennie 1980, dans le secteur informel, en marge des institutions officielles et de l'État. Une brise rafraîchissante, mais passagère, car les élites qui ont remplacé les anciens dictateurs se sont empressées de se rebrancher sur l'aide extérieure et de s'ajuster aux « recommandations » des institutions internationales de financement. Ces dictatures de seconde génération, moins primaires que les précédentes, sont, elles aussi, dépourvues d'une base économique locale.

On a récemment demandé à Pierre Messmer, africaniste et ancien premier ministre français (1972-1974), quelle serait, à son avis, la meilleure méthode pour introduire ou restaurer la démocratie en Afrique. Sa réponse :

> J'aurais recommandé une procédure inverse de celle qui a été suivie. J'aurais commencé à la base, par les villages, les

---

3. Voir Jacques Nagels, *La tiers-mondisation de l'ex-URSS ?*, Bruxelles, Editions de l'Université libre de Bruxelles, 1993.

cantons, les communes urbaines, car je crois qu'il existe en
Afrique noire des traditions de démocratie villageoise, tri-
bale, très fortes, même si elles procèdent différemment de ce
que nous connaissons. Les palabres qui aboutissent à un
consensus sont parfaitement démocratiques. [...]

Je dis simplement que la démocratie se crée au niveau villageois, tribal puis urbain. C'est seulement dans un deuxième
temps qu'on devrait organiser un système représentatif à
l'échelon national[4].

## Pas de démocratie sans démocrates

Pour fonctionner, une démocratie a d'abord besoin de
démocrates. Or, les premiers démocrates dans une société,
ce sont les gens d'un village ou d'un quartier qui décident
d'unir leurs efforts et leurs avoirs, petits ou grands, pour
améliorer leur sort. La gestion en commun de ce capital,
si mince soit-il, est le premier pas sur la voie du développement, mais aussi sur la voie de la démocratie.

Ce qui, de tout temps, a rassemblé au premier chef les
humains, c'est ce besoin impérieux de *coopérer*, c'est-à-
dire de travailler ensemble pour produire conjointement
les biens et les services nécessaires au soutien et à l'épanouissement de la vie[5].

La démocratie revêt des modalités diverses selon les
milieux et les temps où elle est pensée, où elle est pratiquée.
Cependant, avant d'être une forme d'organisation politique, un système de gouvernement, elle est une valeur
universelle, profonde et inextinguible. Elle a sa source dans

---

4. Propos recueillis par Hamid Barrada, Cheick Oumar Kanté et
François Soudan, *in Jeune Afrique*, n° 1695, 1er-7 juillet 1993.

5. Voir John G. Craig, *op. cit.*

« l'inaliénable vocation des hommes à prendre en charge leur destin, tant individuel que collectif[6] ».

Démarche de liberté et d'épanouissement, la démocratie est aussi un instrument de justice. Elle commande l'instauration dans la société d'une certaine égalité, afin que la liberté ne soit pas le privilège exclusif de quelques-uns. La démocratie sociale tend à affranchir l'individu des contraintes qui le maintiennent dans l'impuissance. Et puisque « c'est sa situation économique qui est à l'origine de toutes les formes d'oppressions qu'il subit, c'est sur la transformation des structures économiques que la démocratie sociale fera porter son effort[7] ».

La démocratie sociale qui conduit à la démocratie politique commence donc par la gestion commune de la chose économique. Sans l'apprentissage de la responsabilité solidaire dans la gestion du bien commun local, point de société civile. Et sans une société civile forte, faite de multiples associations et institutions gérées démocratiquement, il n'y a point de système politique démocratique. La démocratie politique se bâtit à la base par la gestion commune des ressources nécessaires à l'épanouissement de la vie.

## Le renforcement de la société civile

On assiste dans le Tiers Monde à un foisonnement d'associations et de mouvements sociaux en grande partie non institutionnalisés. Le Sénégalais Thierno Kane s'est penché sur l'émergence d'un tel phénomène en Afrique :

---

6. Georges Burdeau, *in Encyclopædia Universalis*, Paris, Éd. Encyclopædia universalis France, 1990, vol. VII, p. 151, *sub verbo* « Démocratie ».

7. *Ibid.*, p. 152.

Les années 1980 marquent une reprise de l'initiative populaire. Il ne s'agit pas d'une politique d'animation des masses par les structures d'État, mais tout simplement d'une réponse aux effroyables maux que sont la faim, la maladie et le dénuement total. À notre avis, les années 1990 vont confirmer la renaissance du mouvement associatif africain [8].

En Amérique latine, on parle de *basismo* pour qualifier l'ensemble de ces regroupements socio-économiques qui prennent le contre-pied des institutions politiques officielles [9]. « Les médias contribuent de façon décisive à garder ces mobilisations invisibles », constate le travailleur social mexicain Gustavo Esteva :

> On est étonné, en fait, de constater jusqu'à quel point on continue de nier et de disqualifier notre capacité politique. On ignore complètement l'existence même d'un mouvement organisé, conscient et plein de sens, socialement et politiquement, un mouvement qui change entièrement la substance et l'apparence des villes comme des campagnes, avec la participation active de millions de gens. Tout le monde peut voir maintenant ce que nous faisons. Il est impossible de le nier. [...]

> Nous appartenons, en fait, à une tradition ancienne. Et pourtant, nous sommes des mouvements contemporains. Nous avons hérité d'une vieille tradition de plusieurs mouvements sociaux qui ont traversé les âges et [hérité en même temps, des techniques d'organisation très modernes] des mouvements « classiques » — des travailleurs, des partis, des égli-

---

8. Thierno Kane, « Le mouvement associatif rural et politique en Afrique » *in La coopération Nord-Sud, Changement d'ère,* Montréal, AQOCI, mars 1991, p. 11.

9. Voir Paulo Krischke, »Social Movements and Political Participation : Contributions of Grassroots Democracy in Brazil », *in Revue canadienne d'études du développement,* vol. XI, n° 1, 1990.

ses. Nombreux sont ceux qui ont été formés dans ces mouvements et qui sont devenus des déserteurs, par frustration ou par désillusion, et se sont ralliés à nos mouvements dits « de base » [10].

Il faut voir dans cette mobilisation des solidarités locales, capables de s'organiser efficacement en marge du pouvoir étatique, un renforcement de ce qu'il est convenu d'appeler la « société civile ». Ces associations et organisations de toutes sortes visent à résoudre une situation de crise comme la production et la commercialisation des produits de première nécessité, la collecte de l'épargne, l'abandon des cliniques médicales par l'État, l'éducation populaire [11].

Les observateurs de cette montée sourde des associations populaires, des pouvoirs locaux et des activités informelles dans le Tiers Monde s'accordent pour souligner qu'elle correspond à une triple réaction :

- réaction contre les mesures antisociales, voire antidémocratiques, télécommandées de l'extérieur, tels les Programmes d'ajustement structurel du FMI et de la Banque mondiale ;

- désaffection à l'égard d'un pouvoir étatique étatisant, extraverti et décroché de sa base sociale ;

- revanche des cultures locales devant les promesses non tenues de la mondialisation.

---

10. Gustavo Esteva, *op. cit.,* pp. 29 et 31.

11. Sur le rôle des associations dans le fonctionnement d'une démocratie, voir André Serra, « Présent et avenir de la démocratie », *in L'Action nationale,* vol. LXXXI, n° 6, juin 1991.

## Le mirage du « Village global »

À la fin des années 1980, les médias commencent à faire état d'un phénomène nouveau et supposément incoercible, annoncé comme une sorte d'apogée de l'économie libérale : la *mondialisation*. Difficile à cerner, la mondialisation est présentée comme la forme avancée d'une nouvelle modernité portée par les changements technologiques majeurs survenus dans le domaine de l'informatique, des communications et de la gestion des flux financiers. En y regardant de plus près, on décèle au cœur de cette « globalisation » une concentration du pouvoir économique et médiatique entre les mains de puissantes institutions financières et des quelque 37 000 sociétés multinationales qui encerclent la planète. Un pouvoir énorme — plus de 50 % du PNB mondial —, supraétatique, qui échappe au contrôle des États et des populations [12]. C'est « le gouvernement de la planète par des réseaux mondiaux anonymes d'entreprises financières et industrielles géantes, n'acceptant aucune responsabilité sociale et n'ayant de comptes à rendre qu'à leurs actionnaires eux aussi anonymes [13] ».

Le maître-mot de cette nouvelle économie mondiale, c'est la *compétitivité* : « Ceux qui sauront être compétitifs prospéreront ; les autres seront condamnés à la stagnation [14] ». Une telle doctrine ne peut qu'engendrer un

---

12. Voir Frédéric F. Clairmont et John Cavanagh, « Sous les ailes du capitalisme planétaire », *in Le Monde diplomatique,* mars 1994.

13. Ricardo Petrella, « Pour un contrat social mondial », *in Le Monde diplomatique,* juillet 1994.

14. Ce sont les mots du ministre des Finances du Canada Don Mazankowski lors de la présentation de son budget à la Chambre des Communes, en décembre 1993.

sentiment d'impuissance et de frustration chez ceux qui n'ont aucune prise sur les marchés mondiaux, en particulier chez les désargentés des pays sous-développés. Ce sentiment explique en grande partie l'émergence du mouvement associatif dans le Tiers Monde et la progression de l'économie informelle.

Euphoriques, les apôtres de la *mondialisation* ne cessent de prédire l'avènement prochain du « Village global », un mythe équivalent à celui du Grand Soir marxiste. En réalité, le Village global annonce un monde contrôlé par des pouvoirs supraétatiques où il n'y aura plus de village du tout.

Il est vrai que nous sommes les premiers humains appelés à vivre quotidiennement le phénomène de la mondialisation des marchés, des capitaux, des communications, de la drogue et de la dégradation de l'environnement. De là, la nécessité et l'urgence d'élaborer un contrat social mondial visant à renverser d'abord la tendance vers « une mondialisation atterrante de la pauvreté [15] ». Il reste un long chemin à parcourir pour y arriver.

Il est impensable que l'avènement d'une société planétaire signifie « la renonciation au droit d'orchestrer son propre développement. Le village global, qui excite tant les commerçants, est une vaste prison s'il ne réunit que des villages qui ont abdiqué leur droit d'initiative et leur liberté [16] ». Pour des millions d'« informels » dans le Tiers Monde, le progrès socio-économique et la démocratie commencent au village. Le vrai. Le village des villageois, des paysans et des tontiniers qui luttent pour organiser

---

15. PNUD, *op. cit.*, p. 1.

16. Lise Bissonnette, « La nation contemporaine », *in Le Devoir*, 23 juin 1993.

un milieu de vie qu'ils comprennent et maîtrisent et qui puisse les nourrir.

## Du développement autofinancé et autogéré à la démocratie

L'affluence massive de crédits extérieurs avait fait miroiter la possibilité d'un développement industriel rapide à partir des initiatives de l'État et des organismes internationaux. La démocratie allait nécessairement suivre ce progrès. Toutefois, cette forme de développement inspirée par une logique économique erronée était contre nature. En plus d'entraîner un appauvrissement des populations, elle a conduit à la consolidation de régimes antidémocratiques, extravertis et coupés des dures réalités de la vie quotidienne dans le Tiers Monde.

La solution consiste sans nul doute à inverser le modèle : financer le développement par l'épargne intérieure. C'est dans la gestion commune de ce patrimoine local accessible à tous, dans les secteurs informel et traditionnel, que se fait et se fera l'apprentissage de la démocratie. Celle-ci ne peut, en effet, s'apprendre et se développer qu'à partir du terreau des associations populaires. C'est en brassant des affaires à l'échelon local, communautaire et régional, que les gens apprennent la démocratie. qu'ils en saisissent les bienfaits et les exigences. Cela ne peut se faire que dans un long processus de développement autogéré et auto-financé qui commence obligatoirement par la mobilisation et la gestion de l'épargne.

On a souligné, au chapitre 7, l'action pédagogique de l'épargne. L'autoéducation qu'elle entraîne joue un rôle souvent plus important que les investissements eux-mêmes dans le progrès des nations. Les grandes institutions finan-cières attachent plus de prix à la « maximalisation de l'utilité » qu'à certaines réalités humaines comme la motivation, la liberté et la dignité. Pourtant, celles-ci font finalement la différence entre une économie dynamique et une économie sous perfusion permanente, entre la démocratie et la dictature.

C'est par l'accumulation du capital, et donc par l'épargne et l'investissement productif, que passe l'acquisition du seul vrai pouvoir qui fasse réfléchir et parfois fléchir les gouvernements : le pouvoir économique. En dernière analyse, le pouvoir politique n'obéit à rien d'autre qu'aux pouvoirs économiques sur lesquels il est assis. C'est là une vérité incontournable, quoique dure à entendre.

Un paradoxe demeure. Un des mobiles premiers de l'aide au développement accéléré n'était-il pas de contenir l'avancée du socialisme dans le Tiers Monde ? Or, c'est ce mode de développement qui, par sa philosophie du tout-par-l'État, a favorisé *de facto* l'apparition d'une forme particulièrement perverse d'étatisme dans les pays sous-développés. À l'instar du socialisme marxiste, ce socialisme d'État s'est appliqué à brimer objectivement l'entreprise privée, le secteur populaire et les libertés démocratiques. À l'opposé, le développement par l'épargne qui semble avoir retrouvé le souffle fondateur du libéralisme apparaît comme le creuset de la libre entreprise et de la coopérative, elle-même fondée sur le principe démocratique d'« une personne, un vote ».

N'est-ce pas là le chemin le plus court vers la démocratie politique ?

# CHAPITRE 12

# Vers un développement durable et endurable

AU TERME de cet essai, deux questions cruciales se posent. La première : le déverrouillage du Tiers Monde est-il possible ? Posons le problème autrement : existe-t-il un mode de développement autre que celui préconisé depuis 50 ans, fondé sur l'aide et, en définitive, sur l'endettement extérieur ? La seconde question : faut-il remettre en cause ce qu'il est convenu d'appeler la « coopération internationale » ou l'« aide au développement » ? Au préalable, il faut se demander de quel développement il s'agit.

## Un modèle à inventer

Partons d'une définition simple, aussi englobante que possible.

> Le développement ne peut être que la réalisation progressive d'un double potentiel : d'une part, le potentiel que représente toute collectivité humaine et tous les individus qui la composent ; d'autre part, celui que constitue le milieu physique

dans lequel se trouve cette collectivité, un milieu qu'elle utilise pour assurer son existence et celle des générations à venir [1].

La réalisation de ce double potentiel passe d'abord par la satisfaction des besoins vitaux : l'alimentation, le logement, le vêtement, la santé, l'éducation, le travail créateur, la dignité. Concrètement, cela veut dire la possibilité pour tout être humain et pour toute collectivité de se nourrir, de se loger, de se soigner et de s'éduquer. Tout cela, sans mendier et sans être tenu en servitude par le boulet d'une dette perpétuelle. Le développement, c'est encore la possibilité de vivre en harmonie avec son milieu et de s'ouvrir sur le monde, de *puiser dans le patrimoine technologique commun de l'humanité sans perdre la maîtrise de son propre destin.*

Cela dit, force est de reconnaître avec René Dumont, qu'« il n'y a plus de modèles de développement universellement valables ». Ne doit-on pas dire plus exactement qu'il n'y en a jamais eu ? Peut-on du moins tirer des leçons de l'Histoire ? « Des leçons, certes, mais surtout pas un modèle », de répondre le vieux routier du Tiers Monde : « Chaque pays est acculé à élaborer lui-même son plan, sa politique, ses priorités ; dans la peine, la sueur, le dur travail : par une série d'essais et d'erreurs [...] [2]. » Plus précisément, chaque communauté, chaque village, chaque quartier, chaque région, se doit d'élaborer son propre projet de développement.

Dans le même sens, Edgar Pisani remarque :

---

1. François Partant, *La fin du développement : naissance d'une alternative,* Paris, La Découverte, 1983, p. 28.

2. René Dumont et Charlotte Paquet, *op. cit.,* p. 147.

> Un modèle de développement ne se décrète pas. Il s'invente
> au fur et à mesure, dans l'effort continu pour aller vers un
> état jugé meilleur par les intéressés. [...] Il doit arbitrer cons-
> tamment entre les données naturelles, l'héritage culturel et
> les apports extérieurs qu'il faut encore enraciner [3].

Si l'on ne trouve ni dans les thèses des économistes, ni
dans les cartons des experts de l'aide internationale, ni
même dans les annales de l'Histoire des modèles universellement valables de développement, il existe, on l'a vu,
des expériences réussies qui jalonnent le vaste banc d'essai
qu'est devenu le Tiers Monde profond dans son incessante
quête de dignité. Ces réalisations constituent non pas une
doctrine, non pas une théorie, mais un ensemble de points
de repère cohérents, susceptibles de baliser les chemins de
l'avenir et qu'il faut commencer à inventorier.

## Des points de repère cohérents

### L'agriculture vivrière comme base

De nombreuses populations reviennent à cette sagesse
fondamentale du *primo vivere* qui pour elles se traduit par
*d'abord manger*. La terre étant le premier capital naturel
disponible sur place, c'est d'elle que les collectivités en
éveil tirent leur subsistance et leurs premiers surplus. C'est
aussi leur première « école technique » pour la mise en
valeur de l'être humain — à la fois « outil » et chef-d'œuvre
à parfaire — qui a besoin d'une nourriture adéquate pour
fonctionner efficacement et s'épanouir.

---

3. Edgar Pisani, *Pour l'Afrique,* Paris, Éd. Odile Jacob, 1988, p. 81.

### Le secteur informel de nouveau valorisé

Des régions « marginalisées » du Tiers Monde doivent leur survie et un certain progrès socio-économique au secteur informel, cet espace économique où, relativement à l'abri des interventions et des ponctions de l'État, elles peuvent se mobiliser et s'organiser pour vivre sans avoir à mendier une aide extérieure quelconque.

### L'épargne intérieure investie sur place

L'épargne existe en quantité suffisante, même dans les pays les plus pauvres, pour amorcer un développement autoentretenu et autogéré ; toutefois, il ne reste pratiquement sur place que l'épargne volontaire, informelle et populaire, qui soit investie dans des activités productives.

### La participation des femmes

L'apport des femmes dans les activités informelles d'épargne et de crédit, dans la production et la conservation des aliments, dans l'éducation et les services sociaux est d'ores et déjà prépondérant dans le Tiers Monde profond.

### Priorité à l'organisation coopérative

Le système coopératif, mutualiste ou traditionnel, de collecte de l'épargne et d'investissement s'avère le plus productif et le plus sûr ; inaliénable, il se dresse comme un rempart efficace contre la fuite des capitaux.

### Un encadrement juridique minimal

Un code de dépôts et d'investissements respecté de tous assure la stabilité des activités d'épargne et de crédit, tant dans le domaine coopératif que dans le secteur informel.

### Le contrôle décisionnel des organisations locales

Le contrôle des organisations locales sur la gestion de l'épargne, la formation, l'investissement, la production, la technologie et la commercialisation apparaît comme une condition indispensable à l'adhésion des masses à un projet collectif d'autodéveloppement.

### La maîtrise d'un certain noyau technologique

La remontée de la filière technologique à partir des techniques maîtrisées localement s'impose comme un préalable nécessaire à l'intégration efficace d'une technologie importée. À cette condition, tout apport extérieur est enrichissant.

### La constitution progressive de réseaux financiers

La mise en réseau progressive des ressources humaines et financières, à l'échelon local d'abord, puis régional, national et continental, voire international, est une tendance que l'on observe dans les mouvements associatifs du Tiers Monde, lesquels ne sont pas portés à se replier sur eux-mêmes.

### Place à l'initiative privée

L'initiative privée, moteur de ce nouveau dynamisme, prend le contre-pied des mégaprojets d'une bourgeoisie étatique téléguidée de l'extérieur. Ce phénomène marque un retour aux valeurs fondatrices de l'économie libérale. Entreprise privée et système coopératif se marient bien ; ils ont toujours formé un couple fécond dans l'histoire du développement humain.

### Le nécessaire apprentissage de la démocratie

L'apprentissage de la démocratie commence sur le terrain dans la gestion des affaires communales à partir des ressources de la communauté. La remontée de la filière démocratique — de la démocratie économique à la démocratie politique — passe par le développement auto-financé et autogéré et donc, par la gestion des ressources internes.

## L'émergence d'un nouveau paradigme

Est-il illusoire de penser que des forces méconnues ou sous-estimées à l'œuvre dans le Tiers Monde profond soient en train d'accoucher, à l'insu des médias et des experts internationaux, d'un paradigme nouveau : l'auto-développement à partir de l'épargne intérieure ?

Pour la masse des croisés de l'aide, cette perspective apparaît comme proprement impensable, car le paradigme du développement à crédit est si solidement ancré dans les esprits et dans les institutions qu'il s'impose d'emblée comme la seule voie praticable, la seule théorie raisonnable et rationnelle conforme au bon sens. Le constat universel d'échec ne suffit pas à ébranler le dogme. Un paradigme est effectivement cela : une sorte de croyance inébranlable et généralisée qui se confond avec le sens commun.

L'émergence d'un paradigme nouveau suppose que le système dominant est en crise [4]. Comme pour tous les changements de paradigme, on trouve au départ une initiative novatrice, menée par des gens entreprenants ; une expérience réussie comme celle des Bamilékés du

---

4. Voir Pierre Dockès. « Les recettes fordistes et les marmites de l'histoire : 1907-1993 » *in Revue économique,* vol. XLVI, n° 3, mai 1993.

Cameroun qui implique une façon nouvelle de penser l'accumulation, la production et les échanges. Tout inédite qu'elle soit, cette innovation demeure cependant en accord avec une certaine tradition. En temps normal, on ne convainc personne ni par des initiatives audacieuses ni par des arguments rationnels. Mais en temps de crise, ce sont les expériences réussies qui s'imposent.

Ainsi, les participants des tontines d'affaires en Afrique et des banques Grameen en Asie, les « informels » du Mexique et du Pérou ouvrent la voie à une nouvelle forme de développement, celle qui réussit. Comme Monsieur Jourdain qui faisait de la prose sans le savoir, ils font du développement sans théorisation abstraite et contribuent plus que quiconque à renverser le vieux paradigme du développement aidé qui a conduit à l'impasse actuelle.

Se pourrait-il que de modestes paysans, des « informels » et des tontiniers traditionnels puissent inventer, sans l'aide des experts internationaux, une autre forme de développement ? Pourquoi pas ? Nous avons assisté, au cours de ce siècle, à la transformation sociale la plus importante — avec la décolonisation — de l'époque contemporaine : la révolution féminine. « Cette mutation culturelle, qui est loin d'être achevée, n'était pourtant au programme d'aucun parti politique : elle s'est imposée à eux [5]. » Ce grand bouleversement s'est accompli de façon collective et quotidienne, sans le concours d'une bureaucratie surpayée et sans financement extraordinaire.

N'observe-t-on pas le même phénomène, *mutatis mutandis*, en Europe de l'Est où des foules anonymes avec une imagination sociologique étonnante ont, en quelques

---

5. Javier Perez de Cuellar, Allocution devant la 3e réunion de la Commission mondiale de la culture et du développement, tenue au Costa Rica du 22 au 26 février 1994, *in Le Devoir*, 7 mars 1994.

années, renversé une situation apparemment figée ? Ni les économistes, ni les politologues, ni les journalistes, ni les plus illustres dirigeants du monde n'avaient vu venir ce revirement de situation. Il ne faut jamais sous-estimer les capacités d'invention des sociétés, surtout en période de grande crise.

Le Tiers Monde verrouillé ? C'est un fait. Et pourtant, derrière ces verrous, ne perçoit-on pas ce qu'Alfred Sauvy annonçait comme « une poussée lente et irrésistible, humble et féroce vers la vie[6] » ? Les regroupements et les mécanismes nouveaux qui se forment lentement, dans les entrailles même des vieilles structures, ne sont-elles pas en train d'établir de nouvelles règles du jeu qui s'imposeront quand la dépendance extérieure aura dépassé les bornes ?

## Prendre moins et non pas donner plus

Le Tiers Monde se trouve acculé, qu'on le veuille ou non, à l'autodéveloppement et à l'autofinancement. Et il n'y a aucune raison de croire qu'il en soit incapable.

Est-il souhaitable alors d'arrêter l'*aide publique au développement* ? Le président de la Banque mondiale, M. Lewis Preston, a récemment répondu à cette question lorsqu'il a déclaré à l'intention de ses hauts fonctionnaires : « Si nous ne réduisons pas la pauvreté, nous ne faisons pas notre travail[7] ». À la suite de cette déclaration péremptoire, on aurait pu s'attendre à ce que M. Preston et ses 7000

---

6. Cité plus haut (pages 40 et 41).

7. Cité par M.-A. Bourassa *et al.*, « Quel avenir pour la Banque mondiale et le Fonds monétaire international ? », *in Le Devoir*, 30 septembre 1994.

employés remettent en bloc leur démission. Le spectacle affligeant de la progression de la pauvreté, de la dépendance et de la violence armée dans le Tiers Monde amène une conclusion évidente : toutes ces agences d'aide publique au développement ont perdu leur raison d'être. C'est l'avis de Gunnar Myrdal (prix Nobel d'économie 1974) qui estime que l'aide au développement sous sa forme actuelle « ne se justifie plus qu'en cas de catastrophe dans les régions les plus pauvres [8] ». Si les technocrates du *business* de l'aide — ces « seigneurs de la pauvreté », comme on les a nommés [9] — se retiraient, sans doute les gens redécouvriraient-ils plus rapidement les moyens de s'aider mutuellement, en fonction de leur propre besoins et de leurs priorités. Ces seigneurs ne se retireront pas et cela n'a pas de quoi surprendre.

Le plus étonnant est de constater que bien souvent même les esprits les plus progressistes, après avoir observé et dénoncé les méfaits de l'aide extérieure, en concluent que la solution consiste à... augmenter l'aide. Autrement dit : *more of the same.*

Quant à l'aide militaire derrière laquelle se cachent les marchands de canons, c'est une obligation morale de s'y opposer. Chaque année, il en coûte environ 10 milliards de dollars aux pays du Tiers Monde en aide militaire et en achat d'armement. Le total de leurs dépenses militaires, au cours des sept dernières années — 1987-1994 — s'élève à plus de 1000 milliards de dollars [10]. Cela dépasse l'entendement.

---

8. Cité par Rodolf H. Strahm, *op. cit.,* p. 182.

9. C'est le titre, en anglais, du livre de Graham Hancock cité plus haut : *Lords of Poverty.*

10. PNUD, *Rapport mondial sur le développement humain 1994, op. cit.,* p.51.

Mais les intérêts en cause — économiques, politiques et géopolitiques — derrière la bureaucratie de l'aide militaire et de l'aide publique au développement en général sont à la fois si puissants et si myopes, que le modèle du développement à crédit continuera de sévir tant qu'une crise ou des crises majeures ne viendront pas lui infliger un cuisant revers. Cela peut prendre du temps.

Depuis quelques années, les grands organismes d'aide au développement, à commencer par le PNUD, ont sensiblement changé de langage, sans pourtant changer de méthodes. On parle de plus en plus d'une « nouvelle conception de la coopération pour le développement [11] ». Pendant ce temps, le FMI, la Banque mondiale et les pays de l'OCDE appliquent dans toute leur rigueur les Programmes d'ajustement structurel. Les dogmes de la mondialisation des marchés, de la compétitivité et de la libre concurrence sont prêchés avec plus de zèle que jamais.

Ce que toutes les personnes de bonne volonté soucieuses de venir en aide au Tiers Monde doivent comprendre, c'est qu'*il ne s'agit pas de donner plus, mais de prendre moins.* Comment prendre moins ? Comment arrêter les ponctions dont les pays sous-développés sont l'objet ? De trois façons : premièrement, en mettant un terme à ce que les évêques du Zaïre ont appelé le « système usuraire international » ; deuxièmement, en rééquilibrant de façon équitable les termes de l'échange ; troisièmement, en établissant un contrôle, suivant la mission première du FMI, sur les fluctuations spéculatives des monnaies. Le monde a besoin d'une instance qui organiserait sur la base du droit les relations économiques, commerciales et financières internationales, au lieu de les désorganiser au profit des plus

---

11. *Ibid.,* p. 4.

forts, comme le font actuellement le GATT et les institutions de Bretton Woods.

## La véritable nature du plan Marshall

Périodiquement, on évoque l'idée d'un plan Marshall pour sauver du naufrage l'Afrique et les « pays moins avancés ». Mais on oublie de mentionner les caractéristiques essentielles de ce célèbre programme dont la conception et la mise en œuvre ont été à l'opposé de ce qui allait être appliqué à l'égard des pays sous-développés. Rappelons les caractéristiques de ce programme de reconstruction que les États-Unis ont offert aux pays européens au lendemain de la guerre :

— mise à la disposition de ces pays d'une somme globale (17 milliards de dollars) jugée suffisante par les intéressés eux-mêmes pour amorcer le processus de reconstruction ;

— respect total des institutions européennes ;

— planification des investissements et attribution des crédits laissées à l'initiative des pays concernés par le biais d'une institution créée à cet effet (l'Organisation européenne de coopération économique) par les gouvernements européens ;

— gestion des projets par chaque gouvernement.

Si l'aide aux pays sous-développés s'était effectuée dans ces conditions, ceux-ci auraient échappé à la dépendance et au sous-développement. On a procédé de façon inverse, en imposant projet par projet des théories économiques, des infrastructures, des experts, des techniques... et des crédits. Pour ce faire, il fallait *former* les élites politiques et bureaucratiques : on a créé l'aidocratie.

Il est maintenant trop tard pour un plan Marshall en Afrique ou ailleurs dans le Tiers Monde. On ne refait pas l'Histoire. On ne peut que regarder en avant. Le seul espoir des populations reléguées dans le sous-développement réside là où il a toujours été : dans leurs propres ressources humaines et physiques.

## Rattraper quoi ?

De quelque côté que l'on retourne la question, il ne reste comme issue au déverrouillage du Tiers Monde que le financement par l'épargne intérieure. En ce cas, l'objection suprême, c'est le temps. À ce rythme-là — au rythme des pics et des pioches des paysans du Niger ou du Chiapas —, combien de temps faudra-t-il au Tiers Monde pour rattraper le monde industrialisé ? Question cruciale pour quiconque adhère au paradigme développementiste. Car la « valeur » fondatrice de l'aide au développement repose précisément sur cette idée de rattrapage : rattraper au plus vite les pays industrialisés. Rattraper dans les deux sens du mot : s'activer pour compenser une perte de temps et rejoindre quelqu'un ou quelque chose qui a pris de l'avance.

On ne peut répondre à cette objection de l'urgence que par une série d'interrogations. Pourquoi donc les pays dits sous-développés n'auraient-ils pas le droit de *prendre leur temps* ? Pourquoi les Érythréens n'auraient-ils pas le droit de cultiver la terre à leur rythme et à leur façon, pourvu qu'ils se nourrissent eux-mêmes ? Autre question : rattraper quoi ? Faut-il ériger en valeur le productivisme, la surconsommation et la croissance économique à l'infini ? Cette perspective est absurde, car déjà la planète a de la peine à supporter le niveau actuel de production et de consommation d'un petit cinquième de l'humanité.

Le Japon a fait sa révolution industrielle 150 ans après l'Angleterre et 100 ans après la France et les États-Unis. À l'époque du mercantilisme, quand les marchands européens accostèrent au Japon pour lui offrir leurs produits, ils essuyèrent une fin de non recevoir : « Nous ne manquons de rien ! », de répondre le shogun. Et c'était vrai, car tout est relatif dans le domaine des besoins. Un retard passager sur les pays occidentaux ne semble pas avoir affecté le Japon outre mesure ; aujourd'hui, il les dépasse tous à bien des égards.

On pourrait dire la même chose de la Suède qui, prenant son temps, n'a décollé que 50 ans après les principaux pays de l'Europe de l'Ouest. Personne ne l'a aidée à rattraper les autres et aujourd'hui, elle ne s'en porte pas plus mal.

Si, en 1949, on avait « tiers-mondisé » la Chine par des programmes d'aide et des transferts massifs de capitaux et de technologie, sans doute n'aurait-elle pas fait l'effort de mobiliser épargne interne pour nourrir elle-même ses centaines de millions d'habitants. Laissés à leurs propres ressources, les Chinois ont été acculés à l'effort, à la frugalité...et à l'épargne.

Il faut bannir l'idée de rattrapage, de changement rapide, de transformation agressive, liée à l'idéologie développementiste. Il est vrai que le chemin du développement par l'épargne intérieure est long. Et après ? On est tenté de demander à la suite de Lyautey : Qu'attend-on pour commencer [12] ? Cela dit, pourquoi ne se scandalise-t-on pas de la lenteur du développement par l'endettement ? Où en est-on après 50 ans d'injection continue de capitaux étrangers ? Très souvent, pis qu'au départ. Demandez aux Tunisiennes qui ont vu leur fardeau s'alourdir sous l'effet combiné de l'endettement et des programmes d'ajustement structurel, demandez à toutes ces femmes d'Afrique, qui assurent en ces temps difficiles la survie de leur famille, si elles se sentent plus avancées qu'il y a trois ou quatre décennies.

Ne doit-on pas s'attendre d'ailleurs à ce que la révolution industrielle, sociale et politique du Tiers Monde soit d'autant plus longue qu'on lui met beaucoup d'entraves ? Comme toutes les révolutions, les véritables, celles qui ne se limitent pas à un changement de parti au pouvoir ni à des proclamations grandiloquentes, mais qui transforment les relations entre les groupes sociaux et les modes de production et de consommation, elle pourrait cheminer longtemps dans la pénombre avant d'apparaître au grand jour.

---

12. Le général Lyautey, chef de l'administration française au Maroc, au début du siècle, avait demandé à ses officiers de reconstituer une ancienne forêt, entre Rabat et Meknès, pour contrer l'érosion. Visitant la région deux ans plus tard, il observa que rien n'avait été fait :

« Et la forêt que j'avais dit de planter ici ? de réclamer Lyautey au commandant du poste.

— Une forêt ici, dans ce désert... Vous n'y pensez pas, mon général, ça prendrait 100 ans.

— Vous dites 100 ans ? Eh bien ! qu'attendez-vous pour commencer ? »

## L'axiome de l'autodéveloppement

Pour les pays sous-développés, prisonniers du système de l'aide et du développement périphérique, l'affranchissement de la servitude de la dette se présente aujourd'hui comme une étape nécessaire sur la voie de l'émancipation humaine — comme l'ont été, à d'autres époques, l'abolition de l'esclavage ou la décolonisation. Cet affranchissement commence par la discipline de l'épargne volontaire.

Le développement fondé sur l'épargne — plutôt que sur l'aide et l'endettement extérieurs — est finalement le seul qui conduise à une *croissance harmonieuse et auto-entretenue*. Une croissance économique, bien sûr, mais inséparable de la vie sociale, culturelle et politique. Ce développement humain signifie un processus plein de failles, où subsistent les tensions, les conflits, les inégalités, les soubresauts de toutes sortes. Mais l'autoréalisation étant assurée, les problèmes inhérents trouvent leurs solutions dans la dialectique normale de l'évolution humaine.

L'objectif de ce développement semble *prosaïque* : la satisfaction des besoins de tous les individus d'une communauté donnée, tels que perçus et formulés dans la culture de cette collectivité, aujourd'hui. Ces besoins s'inscrivent dans une expérience historique et se situent par rapport à un destin collectif que seules les personnes concernées sont en droit de définir. Un objectif prosaïque, mais source de tous les dynamismes !

Préciser que ce développement est *endogène* relève de la tautologie, car tout développement véritable ne peut que prendre naissance à l'intérieur même de l'organisme en quête d'épanouissement qui se développe, se déplie, se déploie et se délie. Comme l'exprime si bien cet axiome recueilli sur les hauts plateaux de l'Amérique andine :

> *No hay desarrollo*
> *sino a partir de su propio rollo* [13].

Le développement par l'épargne intérieure est aussi un développement *autogéré* par définition. La remontée de la filière technologique par l'autogestion est le passage obligé de la maîtrise de tous les autres facteurs de production.

Dans la conjoncture actuelle, le développement par l'épargne intérieure n'a de chance de réussir que s'il s'appuie sur un *système coopératif ou mutualiste* le plus diversifié et le plus déployé possible : gestion coopérative de l'épargne et du crédit, de la production et de la commercialisation [14].

Cela signifie aussi un *maillage des réseaux coopératifs* à l'échelon local, régional, national et international. Les associations de développement local n'ont pas tendance à se replier sur elles mêmes. Elles prennent leur bien là où elles le trouvent. Les théories d'un développement autarcique ne les a pas effleurées.

Ce développement sera-t-il *capitaliste* ? Forcément, puisqu'il repose sur l'accumulation du capital, l'investissement productif et l'initiative privée. Mais un « capitalisme collectif [15] », un capitalisme à visage humain qui ne craint pas de reprendre à son compte les valeurs fondatrices du libéralisme : liberté individuelle, confiance dans les forces créatrices d'une économie prise en main par la société civile, limitation des pouvoirs de l'État par le droit, primauté de l'éthique sociale.

---

13. Traduction littérale : *Il n'y a de développement qu'à partir de sa propre enveloppe.* Ou encore : *Il n'y a de développement que l'autodéveloppement.*

14. Voir Anne-Marie Thomazeau, « La voie de la mutualité », *in Le Monde diplomatique,* novembre 1993.

15. L'expression est de Claude Béland, *op. cit.*

Ce développement sera aussi l'*affaire des femmes*. Alors qu'une élite masculine de banquiers tient jalousement les rênes du développement à crédit, ce sont les femmes qui portent le poids des travaux et des jours de cette équipée. Une mésaventure devenue insupportable parce qu'elle est sans objet pour elles. En revanche, les femmes prennent leur place dans le mouvement associatif et mutualiste qui se dessine dans le Tiers Monde. La libération par l'épargne n'aura pas lieu sans les femmes. Les grandes épargnantes, depuis toujours, ce sont elles. L'humanité entière est en travail. Cette nouvelle étape de l'émancipation humaine ne pourra avoir lieu sans l'apport égalitaire des deux composantes sexuées de l'humanité.

Tous ces éléments sont requis pour un *développement durable et endurable* où la communauté locale, le village, le quartier, la région ont un droit de regard sur la production, la consommation et, en dernière analyse, sur leur destin et celui des générations futures. Le développement soutenable — *sustainable* —, c'est celui qui se maintient dans la durée et que la nature et l'humanité peuvent endurer.

# *Épilogue*

CINQUANTE ANS de financement du développement par une aide extérieure massive — 72 milliards annuellement — pour aboutir au surendettement du Tiers Monde. Ce système n'aura donc conduit ni au développement ni à l'autofinancement, comme l'avaient promis les experts internationaux, mais plutôt à la décapitalisation des États concernés. Contrairement à ce que laisse entendre l'euphémisme officiel, les 127 pays du Tiers Monde ne sont pas « en voie de développement ». Ils continuent tous, à l'exception de trois ou quatre, de se sous-développer dans l'orbite d'un club fermé de deux douzaines de pays riches.

Le modèle a montré ses limites. Non par manque de capitaux — il y en a trop ! —, mais parce qu'il repose sur un faux postulat. Le développement fondé sur le crédit extérieur n'a jamais fonctionné nulle part au monde.

À première vue, l'horizon est bouché... par une montagne de dettes. Pourtant, l'Histoire n'est jamais en panne. Cette crise de la dette, qui est celle du modèle lui-même, oblige à retourner aux prémisses qui ont fondé le développement des économies libérales de l'Occident et du

Japon : l'agriculture vivrière, l'épargne intérieure, l'initiative privée, la maîtrise de la filière technologique à partir d'un savoir-faire local.

La notion-clé du développement, c'est la capitalisation par l'épargne. J'ai voulu montrer que cette précieuse ressource, l'épargne, existe dans le Tiers Monde et qu'elle peut être mobilisée en quantité suffisante pour amorcer un développement autonome et autoentretenu. Que les sceptiques se rappellent l'incrédulité des élites financières du Québec et du Canada à l'époque où un certain Alphonse Desjardins s'avisa de convaincre ses concitoyens de la force irrésistible des « 10 sous » accumulés et gérés dans le cadre d'un mouvement coopératif. Cette force a mis du temps à se manifester, certes, mais une fois le mouvement enclenché, on ne l'a plus arrêté. Si au lieu de commencer par l'épargne, au tout début de ce siècle, les Québécois avaient fait appel à l'aide extérieure, ils se trouveraient aujourd'hui au nombre des pays sous-développés. Et si, au lieu de continuer à quémander l'aide extérieure, les élites du Tiers Monde recommençaient par là, leurs pays prendrait la voie de la capitalisation. Comme la Chine et Taïwan.

D'aucuns, surtout les coopérants, les bénévoles et ces milliers de praticiens de l'aide qui se dévouent au sein des ONG, seront peut-être déçus de ne point trouver au terme de cette réflexion des réponses précises à leurs interrogations. L'intervention des organisations non gouvernementales est-elle utile dans la gestation lente et souvent douloureuse d'une nouvelle pratique du développement ? La contribution de celles-ci, qui consiste surtout en dons et en assistance technique, présente-t-elle une solution de rechange à l'aide-endettement ?

La question qu'il faut se poser est la suivante : le service particulier de telle ONG s'inscrit-il dans le cadre d'un

appui aux forces vives du milieu engagées dans la mobilisation des ressources locales pour l'investissement
productif ? Cette condition étant respectée, toute collaboration est positive et elle peut prendre des formes fort
diverses. Il ne faut pas être plus puriste que les populations
en éveil qui n'hésitent pas à travailler dans les entrailles de
l'ancien système pour mettre en œuvre des mécanismes
inédits de survie et d'autodéveloppement.

Et l'aide humanitaire ? Quand la famine règne, quand
la maladie fait ses ravages, quand des factions s'entre-
déchirent, faut-il rester à l'écart ? Des éléments de réponse
apparaissent dans l'encadré de la page 184 : *L'impasse de
l'aide alimentaire au Mozambique*. Ce texte contient des
témoignages terribles sur lesquels il importe de méditer.
Entre autre, celui-ci d'une haute responsable du Programme alimentaire mondial : « L'aide alimentaire prolonge les guerres et entraîne la dépendance ». Ces
témoignages frappent d'autant plus dur qu'ils émanent
non pas de détracteurs de l'aide, mais de ceux-là mêmes
qui sont chargés de l'apporter et d'en superviser la distribution.

D'autres éléments de réponse, non moins difficiles à
déchiffrer, se trouvent dans l'avertissement du caïd de
Saint-Exupéry : « Si tu veux qu'ils se haïssent, jette-leur
du grain. » Pour tout dire, les enseignements du vieux chef
berbère à son fils peuvent se résumer en cette simple
phrase : si tu veux en faire des frères, laisse-les bâtir
ensemble leur propre demeure.

# Repères chronologiques

**1944**   Apparition des termes *underdeveloped areas* et *underdevelopment* dans les dossiers de l'administration américaine. (Côté francophone, le mot *sous-développé* n'apparaît dans les médias qu'au début des années 1950 et le concept de *sous-développement* qu'après 1956.)

Signature, le 22 juillet, des accords de Bretton Woods créant la Banque internationale pour la reconstruction et le développement (BIRD ou Banque mondiale) et le Fonds monétaire international (FMI).

**1945**   Conférence de Yalta, du 4 au 11 février.

Fondation, le 26 juin, de l'Organisation des Nations Unies (ONU) par la signature, à San Francisco, de la Charte des Nations Unies.

Création de la FAO (*Food and Agriculture Organization* — Organisation pour l'alimentation et l'agriculture), institution spécialisée des Nations Unies.

1946    Convention mort-née de La Havane qui proposait la création de l'Organisation du commerce international (OCI) et établissait des principes d'équité dans les échanges internationaux.

1947    Discours, le 5 juin, à Harvard, du général George Marshall, secrétaire d'État des États-Unis, annonçant un vaste programme d'aide pour la reconstruction des pays européens dévastés par la guerre.

Déclenchement de la guerre froide par la mise en application de la « doctrine Truman » selon laquelle les États-Unis s'engagent à appuyer tout régime menacé par les forces communistes.

Signature, le 30 octobre, à Genève, du *General Agreement on Tariffs and Trade* (GATT) — Accord général sur les tarifs douaniers et le commerce.

Début de la décolonisation avec l'accession de l'Inde et du Pakistan à l'indépendance.

1948    Signature par le Président Truman, le 2 avril, du *European Recovery Program* ou « plan Marshall » et de la loi créant l'*Agence de coopération économique* pour le relèvement de l'Europe.

Création, le 16 avril, de l'Organisation européenne de coopération économique (OECE) pour gérer le plan Marshall.

Consécration, le 4 décembre, par les Nations Unies du concept de sous-développement (résolution n° 200 demandant l'envoi d'experts dans les régions sous-développées).

Premier prêt de la Banque mondiale à un pays sous-développé : le Chili.

1949    Annonce, le 20 janvier, par le président Harry Truman d'« un programme novateur et audacieux » d'aide au développement dans le « Point IV » de son discours inaugural.

Création, pour faire contrepoids à l'Europe du plan Marshall, du Conseil d'assistance économique mutuelle (CAEM ou, selon son sigle anglais, COMECON), sorte de marché commun des pays du bloc communiste.

Création, le 4 avril, de l'Organisation du Traité de l'Atlantique Nord (OTAN).

Adoption, le 16 novembre, par les Nations Unies d'un Programme d'assistance technique aux pays sous-développés.

Prêts de la Banque mondiale au Mexique et au Brésil.

1950    Adoption, par le Congrès américain, de l'*Act for International Development* — loi pour le développement international —, pour la mise en œuvre du *Programme « Point IV »*.

1951    Rapport des Nations Unies (Rapport Lewis) intitulé *Mesures à prendre pour le développement économique des pays sous-développés*.

1952    Formulation de l'expression *Tiers Monde* par le démographe Alfred Sauvy, dans un article de *L'Observateur*, le 14 août.

1954    Adoption par le Congrès des États-Unis de la *Loi 480* intitulée *Food for Peace* — Des vivres pour la paix — autorisant l'envoi et la distribution gratuite des surplus agricoles américains dans les pays sous-développés.

Conférence de Colombo (Ceylan) ou un groupe de dirigeants de pays sous-développés — Birmanie, Ceylan, Inde, Indonésie, Pakistan — discutent des problèmes d'aide et décident de convoquer une conférence élargie l'année suivante à Bandung.

1955   Conférence afro-asiatique de Bandung (Indonésie) ; naissance du *non-alignement*.

Dette du Tiers Monde : 9 milliards de dollars.

1956   Première renégociation de la dette d'un pays sous-développé, l'Argentine, dans le cadre informel du Club de Paris.

1957   Création du *Development Loan Fund* — Le Fonds de crédit pour le développement — par le gouvernement américain.

Apparition dans les rapports de l'OECE, de l'euphémisme *pays en voie de développement* pour remplacer l'expression « pays sous-développés ».

1959   Création de la Banque interaméricaine de développement (BID) à Washington.

1960   Proclamation de la première Décennie du développement par les Nations Unies.

Mise sur pied par le gouvernement canadien du Bureau de l'aide extérieure.

Décennie de la décolonisation pour la plupart des pays du continent africain.

Publication de *The Stages of Economic Growth : A Non-Communist Manifesto* de l'économiste américain Walt Whitman Rostow.

Création, le 9 septembre, à Bagdad, de l'Organisation des pays exportateurs de pétrole (OPEP).

**1961** Résolution 1522 des Nations Unies fixant l'objectif de l'aide au développement à 1 % du PNB des pays industrialisés.

Création de la *United States Agency for International Development (USAID)* — l'agence américaine pour le développement international.

Lancement, le 17 août, par le président Kennedy, de l'Alliance pour le progrès, un programme d'aide à long terme, mais ponctuel, pour le développement accéléré de l'Amérique latine.

Création par le gouvernement américain du *Peace Corps* —brigade des volontaires de la paix.

Premier Sommet des pays non alignés, à Belgrade, du 1ᵉʳ au 6 septembre.

Transformation, le 30 septembre, de l'Organisation européenne de coopération économique en Organisation de coopération et de développement économiques (OCDE) regroupant tous les pays développés du monde capitaliste.

**1963** Formation, dans le cadre des Nations Unies, du Groupe des 77 comprenant la plupart des pays sous-développés alors membres des Nations Unies.

**1964** Première Conférence des Nations Unies pour le commerce et le développement (CNUCED).

Création de la Banque africaine de développement à Abidjan.

1965   Création du Programme des Nations Unies pour le développement (PNUD).

Création de l'Organisation des Nations Unies pour le développement industriel (ONUDI) des pays sous-développés.

1966   Création de la Banque asiatique de développement à Manille.

1968   Mise sur pied de l'Agence canadienne de développement international (ACDI).

1969   Rapport des Nations Unies (Rapport Pearson) intitulé *Partners in Development — Vers une action commune pour le développement du Tiers Monde.*

1972   Création au sein du Groupe des 77 du Groupe des 24, ayant mandat de représenter les intérêts des pays sous-développés dans les négociations concernant les questions monétaires internationales.

1973   Institution, en juillet, de la Commission trilatérale (Europe de l'Ouest, Amérique du Nord, Japon).

Le choc pétrolier, en octobre.

1974   Résolution des Nations Unies proclamant l'instauration d'un Nouvel Ordre économique international (NOÉI).

1975   Première Conférence sur la sécurité et la coopération en Europe regroupant tous les pays d'Europe, de l'Atlantique à l'Oural, élargie aux États-Unis et au Canada.

**1976**  Lancement par les Nations Unies du Programme intégré pour les produits de base dans le but de stabiliser les prix de 18 produits de base, avec le soutien d'un Fonds commun.

**1980**  Adoption, par les Nations Unies, d'une stratégie internationale pour la III$^e$ décennie du développement.

Programmes d'ajustement structurel (PAS) imposés par le FMI pour assainir la situation financière des pays sous-développés.

Création du Fonds de stabilisation des cours des matières premières.

**1981**  Première Conférence des Nations Unies sur les pays moins avancés (PMA) réunissant à Paris 31 pays du Tiers Monde.

Conférence Nord-Sud, à Cancun (Mexique).

**1982**  Crise de la dette : le Mexique, bientôt suivi par le Brésil, l'Argentine et d'autres pays, se déclare en cessation de paiement à l'égard de ses créanciers extérieurs.

**1985**  Plan Baker.

**1989**  Plan Brady.

Chute du mur de Berlin et effondrement du bloc communiste : fin de la guerre froide et de l'ordre bipolaire issu de Yalta.

**1990**  Deuxième Conférence des Nations Unies sur les PMA.

**1991**  Guerre du Golfe.

Proclamation par le président Bush du Nouvel Ordre mondial (NOM), sous l'égide des États-Unis.

Mort du NOÉI ; échec du Programme intégré pour les produits de base.

Éclatement de l'URSS ; fin des programmes d'aide au développement financés par les pays de l'Europe centrale et orientale (ex-bloc socialiste).

Dissolution du COMECON créé en 1949.

1993    Signature, le 15 décembre, de l'acte final de l'*Uruguay Round* : Accords du GATT.

1994    Ratification, le 15 avril, à Marrakech, des Accords du GATT. Création de l'Organisation mondiale du Commerce (OMC) devant se substituer au GATT.

Dette du Tiers Monde : 1 800 milliards de dollars.

# Bibliographie

## I. Livres de référence

AMIN, S., *L'Accumulation à l'échelle mondiale*, Paris, Anthropos, 1970.

AMIN, S., *Le développement inégal*, Paris, Éd. de Minuit, 1973.

ANS, A.-M. d', *Haïti, paysage et société*, Paris, Karthala, 1987.

BAIROCH, P., *Le Tiers Monde dans l'impasse, Le démarrage économique du XVIIIe au XXe siècle*, Paris, Gallimard, 1992.

BARTOLI, H., *L'économie multidimensionnelle*, Paris, Économica, 1991.

BEAUD, M., et G. DOSTALER, *La pensée économique depuis Keynes*, Paris, Seuil, 1993.

BÉDARD, G., « Argent chaud et argent froid », dans RENARD, G., *La mobilisation de l'épargne locale par des institutions coopératives et son impact sur le développement local dans sept pays d'Afrique*, Genève, BIT, 1987.

BERG, E., *Non-alignement et nouvel ordre mondial*, Paris, PUF, 1980.

BERG, E., *La politique internationale depuis 1955*, Paris, Économica, 1989.

BESSET, J.-P., *René Dumont, une vie saisie par l'écologie*, Paris, Stock, 1986.

CAMARA, I., *Comprendre le GATT*, Sainte-Foy, Le Griffon d'Argile, 1990.

CARDINAL, P., *Le transfert d'une technologie appropriée dans les modèles québécois et camerounais de coopératives d'épargne et de crédit*, thèse de maîtrise présentée à l'Université de Montréal, 1992.

CHALIAND, G. et J. MINCES, *État de crise, Vers les nouveaux équilibres mondiaux*, Paris, Seuil, 1993.

CHOSSUDOVSKY, M., « Les ruineux entêtements du fonds monétaire international », dans *Manière de voir 18, Le Monde diplomatique*, mai 1993.

COQUERY-VIDROVITCH, C., *Les Africaines, Histoire des femmes d'Afrique noire du XIX<sup>e</sup> siècle au XX<sup>e</sup> siècle,* Paris, Desjonquières, 1994.

CORM, G., *Le nouveau désordre économique mondial,* Paris, La Découverte, 1993.

COUVRAT, J.-F. et N. PLESS, *La face cachée de l'économie mondiale,* Paris, Hatier, 1988.

CRAIG, J. G., *The Nature of Co-Operation,* Montréal, Black Rose Books, 1993.

DEMBINSKI, P. H., *L'endettement international,* Paris, PUF (coll. « Que sais-je ? »), 1989.

DE SOTO, H., *L'autre sentier, La révolution informelle dans le Tiers Monde,* Paris, La Découverte, 1994.

DIWAN, R. et M. LUTZ, *Essays in Gandhian economics,* New Delhi, Gandhi Peace Foundation, 1985.

DUMONT, R., *L'Afrique noire est mal partie,* Paris, Seuil, 1962.

DUMONT, R. et C. PAQUET, *Taïwan, le prix de la réussite,* Paris, La Découverte, 1986.

EYRAUD, H., *La fin de la guerre froide, Perspectives,* Presses universitaires de Lyon, 1992.

FREUD, C., *Quelle coopération ? Un bilan de l'aide au développement,* Paris, Karthala, 1988.

FURTADO, C., *Desenvolvimento e subdesenvolvimento,* Fundo de Cultura, Rio de Janeiro, 1961 (*Développement et sous-développement,* Paris, PUF, 1966).

GANNAGÉ, É., *Financement du développement,* Paris, PUF, 1969.

GÉLÉDAN, A., dir., *Les mutations de l'économie mondiale,* Paris, Le Monde Éditions, 1990.

GENTIL, D. et Y. FOURNIER, *Les paysans peuvent-ils devenir banquiers ? Épargne et crédit en Afrique,* Paris, Syros/Alternative, 1993.

GEORGE, S., *Jusqu'au cou, Enquête sur la dette du Tiers Monde,* Paris, La Découverte, 1988.

GEORGE, S., *L'effet boomerang, Choc en retour de la dette du Tiers Monde,* Paris, La Découverte, 1992.

GIBBONS, D. S., *The Grameen Reader,* Malaisie, Universiti Sains Malaysia, 1992.

GIGUÈRE, P., dir., *Démarrage d'une coopérative d'épargne et de crédit, Guide pratique,* Lévis, SDID/ACCT, 1993.

HANCOCK, G., *Lords of Poverty,* Londres, MacMillan London Limited, 1991. (*Les Nababs de la pauvreté. Le business multimilliardaire de l'aide au Tiers Monde,* Paris, Robert Laffont, 1991.)

JOUVE, E., *Le Tiers Monde,* Paris, PUF (coll. « Que sais-je ?« ), 1990.

KABOU, A., *Et si l'Afrique refusait le développement ?,* Paris, L'Harmattan, 1991.

KENNEDY, P., *Naissance et déclin des grandes puissances,* Paris, Petite Bibliothèque Payot, 1989.

KESSLER, D. et P.-A. ULLMO, dir., *Épargne et développement,* Économica, Paris, 1985.

LACOSTE, Y., *Les pays sous-développés,* Paris, PUF, 1984.

LATOUCHE, S., *Faut-il refuser le développement ?,* Paris, PUF, 1986.

LAPIERRE, D. et L. COLLINS, *Cette nuit la liberté,* Paris, Robert Laffont, 1975.

LECHERVY, C. et P. RYFMAN, *Action humanitaire et solidarité internationale : les ONG,* Paris, Hatier, 1993.

LELART, M. dir., *La tontine, pratique informelle d'épargne et de crédit dans les pays en voie de développement,* Paris, Éd.John Libbey Eurotext/AUPELF, 1990.

LE ROY, P., *La faim dans le monde,* Paris, Éditions Le Monde (coll. Marabout), 1994.

LÉVI, C., « Le club des pays riches », dans *L'Europe de Yalta à Maastricht,* n° spécial des dossiers et documents du journal *Le Monde,* octobre 1993.

LEWIS, A. W., « Economic Development with Unlimited Supplies of Labour », dans *The Manchester School of Economic and Social Studies,* mai 1954.

MAYOUKOU, C., *Le système des tontines en Afrique, Un système bancaire informel,* Paris, L'Harmattan, 1994.

MENDE, T., *De l'aide à la recolonisation*, Paris, Seuil, 1972.

MYRDAL, K. G., *Asian Drama : An Inquiry into the Poverty of Nations*, 3 vol., New York, XX[th] Century Fund, 1968 (*Le drame de l'Asie : une enquête sur la pauvreté des nations*, Paris, Seuil, 1976).

NAGELS, J., *La tiers-mondisation de l'ex-URSS ?*, Bruxelles, Éd. de l'Université libre de Bruxelles, 1993.

NOREL, P. et É. SAINT-ALARY, *L'endettement du Tiers Monde*, Paris, Syros/Alternative, 1992.

OUEDRAOGO, L.B., *Entraide villagoise et développement : groupements paysans au Burkina Faso*, Paris, L'Harmattan, 1990.

PARTANT, F., *La fin du développement : naissance d'une alternative*, Paris, La Découverte, 1983.

PISANI, F., *Pour l'Afrique*, Paris, Éd. Odile Jacob, 1988.

PRADEL, P.-M., *L'épargne et l'investissement*, Paris, PUF (coll. « Que sais-je ? »), 1961.

PREBISH, R., *The Economic Development of Latin America and its Principal Problems*, New York, Nations Unies, 1950.

ROSTOW, W. W., *The Stages of Economic Growth : A Non-Communist Manifesto*, Cambridge, Cambridge University Press, 1960 (*Les étapes de la croissance économique*, Paris, Seuil, 1962).

ROSTOW, W. W., *Eisenhower, Kennedy and Foreign Aid*, Austin, University of Texas Press, 1985.

ROUILLÉ d'ORFEUIL, H., *Le Tiers Monde*, Paris, La Découverte, 1989.

ROUSSELET, M., *Les Tiers Mondes*, Paris, Le Monde Éditions, (coll. Marabout), 1994.

SACHS, I., *Stratégies de l'écodéveloppement,*, Paris, Éd. Économies et humanisme/Les Éd. Ouvrières, 1980.

SACHS, I., *L'écodéveloppement*, Paris, Syros, 1993.

SERRA, A., « Présent et avenir de la démocratie », dans *L'Action Nationale*, vol. XXXI, n° 6, juin1991.

SMITH, A., *La richesse des nations*, Paris, Flammarion, 1991.

STRAHM, R. H., *Pourquoi sont-ils si pauvres ?*, Boudry, Éd. de la Baconnière, 1986.

TÉTÉ-ADJALOGO,T.G., *La question du plan Marshall et l'Afrique*, Paris, L'Harmattan, 1989.

THÉRIEN, J.-P., *Une voix pour le Sud, Le discours de la CNUCED*, Montréal, L'Harmattan et Les Presses universitaires de l'université de Montréal, 1990.

VACHON, R. dir, *Alternatives au développement*, Montréal, Éd. du Fleuve, 1990.

WAMIER, J.-P., *L'esprit d'entreprise au Cameroun*, Paris, Karthala, 1993.

## II. Périodiques

*Bulletin de l'Institut Nord-Sud*, Ottawa.

*Économie et humanisme*, Lyon.

*Études internationales*, Québec.

*Finances et développement*, Washington.

*Géopolitique*, Paris.

*IRED-Forum*, Genève.

*Interculture*, Montréal.

*Inter-mondes*, Montréal.

*Jeune Afrique*, Paris.

*Jeune Afrique économie*, Paris.

*Journal of Developping Economies*, Londres.

*La Voix du paysan*, Yaoundé.

*Le Courrier ACP-CEE*, Bruxelles.

*Le Monde diplomatique*, Paris.

*Marchés tropicaux et méditerranéens*, Paris.

*Par ailleurs*, Lévis.

*Politique africaine*, Paris.

*Revista de la CEPAL*, Santiago.

*Revue canadienne d'études du développement*, Ottawa.

*Revue économique*, Paris.

*Revue Tiers-Monde,* Paris.
*The New Internationalist,* Londres/Toronto.
*Valeurs actuelles,* Paris.


## III. Publications et rapports annuels

*Atlaseco de poche,* Paris, Le Sérail.

Banque mondiale, *Rapport sur le développement dans le monde,* Washington.

Banque mondiale, *World Debt Tables,* Washington.

CAD/OCDE, *Coopération pour le développement,* Paris.

FMI, *World Economic Outlook,* Washington.

*L'État du monde,* Montréal, La Découverte/Boréal.

*L'État du Tiers Monde,* Montréal, La Découverte/Boréal.

PNUD, *Rapport mondial sur le développement humain,* Paris.

UNICEF, *Le Progrès des Nations,* Genève.

Les Éditions Écosociété
# De notre catalogue

## Des ruines du développement
WOLFGANG SACHS ET GUSTAVO ESTEVA

Deux économistes, l'un allemand, l'autre mexicain, oeuvrent ensemble depuis de longues années sur un même sujet : le développement.

Sachs dénonce le modèle fondé sur « l'aide » et le transfert massif des capitaux, imposée au monde depuis plus de quatre décénnies.

Quant à Esteva, immergé dans les quartiers populaires du Mexique, il bâtit patiemment sur le terrain, avec sa communauté, un autre type d'épanouissement des peuples — un progrès socio-économique autogéré qui ouvre sans nul doute une voie de dignité pour le tiers-monde.

Wolfgang Sachs, économiste, est l'un des chefs de file du mouvement écologiste en Allemagne. Il écrit depuis longtemps sur le développement.

Gustavo Esteva, économiste et journaliste mexicain, est particulièrement actif auprès des groupes communautaires en Amérique latine.

ISBN 2-921561-05-0
138 pages
16,95 $ / 14,30 euros

# Le virage à droite des élites politiques québécoises

JACQUES B. GÉLINAS

Destiné à éclaircir ce qui se passe sur l'échiquier politique québécois depuis une décennie, cet essai montre comment et pourquoi nos élites politiques, sourdes aux appels d'une société civile en éveil, ont embrassé *de facto* la voie du néolibéralisme qui met à mal les écosystèmes, dévaste les régions, creuse les inégalités sociales et entraîne la dégénérescence de la démocratie.

Au fil des événements, un stupéfiant paradoxe ressort : le parti leader de ce virage à droite est celui-là même que l'on croyait le plus à gauche des trois formations du moment. En optant pour le libre-échange à l'américaine dans les années 1980, le PQ s'est coincé dans une logique néolibérale, pavant le terrain pour un vrai parti de droite.

Sociologue, essayiste et conférencier, Jacques B. Gélinas est l'auteur de *Et si le Tiers-Monde s'autofinançait* et de *La globalisation du monde* (Écosociété, 2000).

ISBN 2-921561-94-8
247 pages
24,00 $ / 20,30 euros

# Mondialisation de la pauvreté et nouvel ordre mondial
Nouvelle édition revue et augmentée
MICHEL CHOSSUDOVSKY

La première édition de cet essai (1998) a été traduite en 11 langues et a eu un succès retentissant à travers le monde, permettant à des centaines de milliers de gens de comprendre l'ampleur des conséquences de la mondialisation marchande sur les individus et les sociétés, au Nord comme au Sud.

La seconde édition mise à jour, augmentée de quelque 150 pages et enrichie de recherches et d'analyses additionnelles, constitue un ouvrage d'une actualité brûlante. En outre, elle comporte des chapitres entièrement nouveaux sur la mondialisation du mensonge et la manipulation des données réelles de la pauvreté mondiale, sur les conséquences des politiques de la Banque mondiale sur les droits fondamentaux des femmes, ainsi que sur la ruine de l'économie paysanne en Éthiopie, la recolonisation de la Corée et la destruction économique de l'Albanie.

Michel Chossudovsky est professeur d'économie politique et membre de plusieurs réseaux internationaux de recherche politique, économique et sociale. Conférencier prisé sur la scène internationale, il a été conseiller auprès de pays en développement, d'organismes internationaux et des Nations Unies. Il est également l'auteur de *Guerre et mondialisation* (Écosociété), traduit en plusieurs langues.

ISBN 2-921561-83-2
384 pages
30,00 $ / 27,00 euros

# La globalisation du monde
## Laisser faire ou faire?

JACQUES B. GÉLINAS

La globalisation, nouvelle religion du monde des affaires et des élites politiques, suscite des questionnements et des oppositions qui, depuis Seattle, ne cessent de s'intensifier. Ce livre arrive à point pour expliquer non seulement la globalisation de l'économie, mais le monde globalisé. D'entrée de jeu, l'auteur établit une nette distinction entre la mondialisation, phénomène d'expansion planétaire normalement bénéfique, et la globalisation, qu'il définit comme «la gouverne du monde par de puissants intérêts économiques transnationaux et supraétatiques». Il décrit ce système, ses dirigeants, ses commis, ses idéologues et dénonce ses effets les plus pervers, dont la dégradation de l'environnement, la montée des inégalités et le pourrissement de la démocratie. Au-delà de cet affligeant bilan, l'auteur explore les contours d'un modèle alternatif qui se profile au sein même du présent système.

*La globalisation du monde* se situe dans le droit fil de l'ouvrage précédent de Jacques B. Gélinas, *Et si le Tiers Monde s'autofinançait*, également publié aux Éditions Écosociété. Cette fois, l'auteur élargit le champ de ses préoccupations, mais dans la même perspective d'une réappropriation des processus socioéconomiques par la société civile.

Un livre d'information et d'analyse, mais aussi de débat, de combat et d'espoir. Il s'adresse à ceux et celles qui sont préoccupés par le sort de l'humanité et de la planète. Il sera particulièrement utile aux jeunes désireux de comprendre ce monde dans lequel nous vivons... pour le changer.

Sociologue de profession, Jacques B. Gélinas s'est toujours intéressé aux questions touchant l'émancipation du Tiers Monde, les droits des minorités et l'organisation socioéconomique des communautés humaines. Après plusieurs années comme coopérant en Amérique latine, professeur en sociologie du développement et cadre au ministère des Relations internationales du Québec, il est aujourd'hui essayiste et conférencier.

ISBN 2-921561-44-1
350 pages

# L'imposture néolibérale
## Marché, liberté et justice sociale

J.-CLAUDE ST-ONGE

Depuis le tournant de 1975, à part la pauvreté et le chômage galopants, seuls les profits fracassent tous les records. L'« horreur économique » porte un nom : le néolibéralisme. Productivité, profit, concurrence, retrait de l'État, déficit zéro, libre-échange, dictature du marché : telle est la nouvelle religion. La solidarité et la justice sociale sont des vieilleries conceptuelles bonnes à figurer dans un musée.

Dans un ouvrage loin du jargon des spécialistes, J.-Claude St-Onge démonte un à un les dogmes qui entourent cette doctrine selon laquelle la justice se résume à la possession et pour qui la liberté est le privilège d'une minorité toujours plus puissante. L'auteur y décrit ses origines, ses principaux penseurs, ses institutions, démontrant que loin d'être une nouvelle solution aux problèmes modernes, le néolibéralisme récupère à son compte bien des siècles d'histoire.

Sous prétexte que la société serait gouvernée par des lois naturelles, celles du marché, il faudrait s'incliner devant cette nouvelle divinité, qui distribuerait bonheur et malheur au hasard. À cet éloge de l'impuissance et de la résignation, l'auteur oppose une société humaine fondée sur la collaboration, sur la participation de tous et de toutes dans la gestion des affaires publiques, sur une répartition équitable des richesses et sur la primauté du droit à la vie.

J.-Claude St-Onge est professeur de philosophie au Collège Lionel-Groulx, où il a également enseigné l'économie.

ISBN 2-921561-50-6

202 pages

# Les gros raflent la mise

## À qui profitent les fonds publics à l'heure de la mondialisation

STEVEN GORELICK

La phénoménale croissance des entreprises transnationales dans une économie de plus en plus mondialisée n'est pas le fruit d'un processus inévitable. Il s'agit plutôt d'un phénomène social, historique, qui résulte notamment de choix politiques faits au nom de la population par les gouvernements. Cette course à l'expansion infinie est généreusement financée par l'État : les élites sont convaincues que tout ce qui est gros et grand s'avère bon marché, efficace, meilleur et profitable pour tous. Et si ce n'était pas le cas ?

Steven Gorelick expose ici à qui et à quoi profitent les fonds publics. Sans une kyrielle de subventions directes et indirectes dans les domaines de l'énergie, des transports, des communications et de l'éducation, les transnationales ne seraient pas devenues ce qu'elles sont. L'auteur démontre que l'argent des contribuables est utilisé pour créer une structure économique servant à assouvir l'appétit toujours grandissant de ces entreprises.

L'auteur propose des solutions de rechange en vue de revoir nos modes de vie et le fonctionnement du monde. Pour créer des structures qui protègent la diversité culturelle et la richesse de la nature, il importe de valoriser l'économie locale plutôt que le commerce international, et de miser sur la constitution de collectivités vivantes et dynamiques plutôt que sur le renforcement d'organisations lointaines et anonymes.

ISBN 2-921561-64-6

213 pages

# Les mirages de l'aide internationale
*Quand le calcul l'emporte sur la solidarité*
DAVID SOGGE
Collection «Enjeux planète»

L'aide internationale est une entreprise mondiale réalisant un gros chiffre d'affaires. Il s'agit pourtant d'une industrie avec peu de succès à son compte. Pourtant, on s'attend à ce qu'elle règle des problèmes inédits et toujours plus complexes; l'aide apporte souvent plus de dommages que de secours, et profite plus aux donateurs qu'aux destinataires.

Peut-on envisager créer une véritable aide, démocratique dans son exécution, adéquate dans ses actions, juste dans ses conséquences ? L'aide internationale est un enjeu nous concernant tous, moralement et financièrement.

David Sogge est professeur, membre du Transnational Institute (TNI) d'Amsterdam. Il est l'auteur de livres sur l'aide internationale et a dirigé l'ouvrage collectif *Compassion and Calculation : The Business of Private Foreign Aid* (Pluto Press).

ISBN 2-921561-85-9
330 pages
21,00 $ / Diffusion européenne

LES ÉDITIONS
*écosociété*
MONTRÉAL

Faites circuler nos livres.

Discutez-en avec d'autres personnes.

Inscrivez-vous à notre Club du livre.

Si vous avez des commentaires, faites-les-nous parvenir ; il nous fera plaisir de les communiquer aux auteurs et à notre comité éditorial.

Les Éditions Écosociété
C.P. 32052, comptoir Saint-André
Montréal (Québec) H2L 4Y5

Courriel : info@ecosociete.org
Toile : www.ecosociete.org

## NOS DIFFUSEURS

EN AMÉRIQUE    **Diffusion Dimédia inc.**
539, boulevard Lebeau
Saint-Laurent (Québec) H4N 1S2
Téléphone : (514) 336-3941
Télécopieur : (514) 331-3916
Courriel : general@dimedia.qc.ca

EN FRANCE et    **DG Diffusion**
EN BELGIQUE    Rue Max-Planck, B.P. 734
F-31863 Labège CEDEX
Téléphone : 05 61 00 09 99
Télécopieur : 05 61 00 23 12
Courriel : dg@dgdiffusion.com

EN SUISSE    **Diffusion Fahrenheit 451**
Rue du Lac 44
1400 Yverdon-les-Bains
Téléphone et télécopieur : 024 425 10 41
Courriel : diffusion@fahrenheit451.ch

*Achevé d'imprimer en novembre 2005*
*chez Marquis Imprimeur (Québec), sur papier certifié Éco Logo*
*traité sans chlore et contenant 100 % de fibres post-consommation.*

MEMBRE DU GROUPE SCABRINI

Québec, Canada
2005